饭店员工培训用书

饭店服务员纠错100例

张耀宗　编著

现代出版社

图书在版编目(CIP)数据

饭店服务员纠错 100 例/张耀宗编著．—北京：现代出版社，2007.10

ISBN 978-7-80188-850-1

Ⅰ．饭...　Ⅱ．张...　Ⅲ．①饭店—培训②饭店—服务—纠错　Ⅳ．F719.2

中国版本图书馆 CIP 数据核字(2007)第 123727 号

编　　著：张耀宗
策　　划：北京师博文教育科技中心
责任编辑：陈世忠
出版发行：现代出版社
地　　址：北京市安定门外安华里 504 号
邮政编码：100011
电　　话：(010)64267325
电子信箱：xiandai@cnpitc.com.cn
印　　刷：北京鑫正大印刷有限公司
开　　本：850×1168　1/32
印　　张：7.875
版　　次：2007 年 10 月第 1 版　2008 年 5 月第 2 次印刷
书　　号：ISBN 978-7-80188-850-1
定　　价：18.80 元

编写说明

服务是饭店的生存之本,发展之本。服务人员素质低,客人将不会再来。点滴的差错服务都将会给客人留下深刻的印象。印象是难以改变的,饭店在声誉上的损失是无法挽回的。

要赢得客源,留住客人对饭店的信任,就必须要培养优质的服务人员,将服务做活、做细。

要做饭店服务员,就应该知道怎样做才是优质服务。本书案例是通过作者的亲身经历和所见所闻提炼出来的,对饭店服务员的服务有实际的指导意义。本书作者在客房服务一线和饭店管理岗位工作多年,从一名普通的服务员到现在的管理者,走过弯路,也受过赞誉,对饭店服务和管理有着深刻的理解。现在为客房服务技师、国家职业技能鉴定高级考评员,为北京多家大中型饭店培训了客房服务技师、高级服务员和中级服务员。

本书可作为饭店业管理人员培训员工的教材,也可作为服务人员的自学读物。案例真实,涵盖了饭店服务的各个细节,这些细节是许多服务人员所注意不到的,正是由于这些细节引发了饭店的损失。作者对这些细节进行了深入分析,表明怎样做是对的,怎样做是错的,为管理人员怎样指导员工、服务人员怎样服务做出了明确的指导,为客房管理和服务提供了可以借鉴的教训和经验。本书还可作为旅游学校、职业学校学习和讨论的教材。

北京师博文教育科技中心
www. ebook2008. com
E-mail:sbw_168@yahoo. com. cn
电话:010-68418297/68418260

前 言

随着我国旅游业的迅速发展，饭店业的竞争日渐激烈，饭店的经营者和管理者对服务管理和培训的重视程度越来越高。而消费者对饭店的产品与服务质量的要求也越来越高，案例分析在各行各业已经成为培训和教学的主要形式之一。

这些案例就发生在日常的饭店服务和管理中，就发生在每个饭店从业人员的身边。我们对案例进行分析，不是就事论事，而是通过每一个案例，总结出成功的经验和失败的教训，找出解决问题的方法和理论依据，给人们以启示，起到举一反三的作用。通过点滴的服务找出管理上的根本原因。

本书中的案例主要反映以下几个方面：一是对服务细节的重视。服务中的细节能够体现出管理上是否细致、严谨。另一方面反映出服务人员基本素质的高低。一家饭店在具有一定硬件设施的前提下，若要提高服务质量和管理水平，就要看细节。书中案例就是通过服务的细小问题反映出的管理问题以及对饭店和宾客所产生的影响。

二是感情服务、针对性服务和超值服务的案例在书中占了一定的比例。优质服务是所有管理者提倡和追求的目标，要做到优质服务，就要在使服务规范的前提下，尽量多的为客人提供感情服务和具有针对性的服务。在服务中注重客人的感受，因为客人的满意程度是对服务水平的判定。只有客人满意，留住了客人的心，使客人的消费成为享受的过程，这样企业才能发展。不是客人需要饭店，而是饭店需要客人。

三是强调服务和管理中的各项制度和标准，员工执行及管理人员的落实和检查。落实和检查是使制度和标准生效的手段，在服务工作中严格执行各项标准，是服务质量的基本保证。

四是服务与安全管理。没有安全就没有旅游事业。饭店安全，是饭店一切工作的保障，饭店安全工作的好坏，不仅直接关系到饭店的正常经营，影响到客人的满意度、饭店的经济效益，甚至关系到国家的声誉。饭店的安全包括客人的人身和财产安全、心理安全、员工的安全和饭店财产安全。

五是要加强对员工的培训。管理者要重视培训工作，把培训看做是管理的重要组成部分；加强培训工作的计划性、针对性和有效性。发现了服务中的问题，就是发现了管理上的漏洞和培训需求，日常服务就是对培训质量的检验。在重视服务人员技能培训的同时，加强意识方面的培训，如企业意识、角色意识、宾客意识、安全意识、销售意识、创新意识以及服务人员的自我保护意识等等。通过案例分析认识到意识在服务和管理中的重要性。

本书中的案例，全部来自于本人的服务经历。由于是来自于实际，因此更便于理解、分析和讨论。

本书的编写和出版，得到了很多领导、专家的支持和大力帮助。在编写过程中得到了北京旅游学院管理系主任刘艳华的悉心指导。北京市旅游行业协会副会长、饭店协会会长、港澳中心有限公司常务董事兼总经理徐锦祉和北京饭店协会副会长、北京国际饭店总经理陈旭华在百忙当中对本书稿进行了审阅，对本书内容的丰富程度、事例的真实性、对饭店管理和服务的实用性，给予了高度的评价，并提出了宝贵的建设性意见。在此期间也得到了北京市旅游局人事教育处南洪江、杨真两位同志的热心帮助。在此表示忠心的感谢！

本人热爱旅游事业，在工作中注意观察、分析，同时注意自身的学习和知识的积累，不断地丰富自己。但是由于本人水平所限，书中的错误和不足有所难免，欢迎专家和同行批评指正。

编　者

目 录

第一篇 教训篇

第二篇　安全篇

第三篇　艺术篇

第四篇　用心篇

第五篇 管理篇

第六篇　成功篇

第一篇

教训篇

1. 如何超越客人

◆ 案例

某饭店的客房区域，一对香港夫妇从房间出来，边说着话边向电梯厅走去。这是赵先生和他的太太，他们是饭店的长住客人。赵先生是北京一家合资饭店的外方总经理，由于职业的因素，赵先生对饭店的服务、服务员的行为举止等非常在意。同时，正是由于赵先生的特殊身份，服务员在为赵先生服务时也格外在意。

这时，一名客房服务员急匆匆地从客人后面走来，从赵先生夫妇的中间穿过，超越了客人，并且连一点示意也没有。赵先生看着超过自己的客房服务员皱起了眉头，叫住了已经超越到自己前面的服务员，对服务员说："你这样做是不对的，这不像饭店的服务员。"服务员意识到了自己的问题，马上说："对不起，赵先生，我有点急事。"赵先生说："你有急事可以超过我，但你知不知道应该怎么超越？"

在楼层巡视工作的客房主管看到了刚刚发生的事情，就走了过来，向赵先生道歉说："对不起，这是我们的错，我们会加强对员工的教育。"赵先生诚恳地说："其实我倒没关系，我只是觉得我们做服务的人，应当时时有一种好的精神面貌、礼节、礼貌、修养和宾客意识，处处体现出严谨和规范。"

评析

饭店的服务人员在行为、举止、仪表、姿态上都是有严格规定的。如在通道上，服务员应靠右侧行走。遇有客人迎面走来，服务员与客人相遇时，应当停住脚步，面向客人身体微侧，向客人问好，并伸手示意客人先行。服务员与客人在同一侧行走时，应先问候客人同时伸手示意客人先行，并说“您先请”，且应与客人保持一定的距离，不得超越客人。如确因有较急的事要超越客人，应从客人的左侧超越，超越时应向客人说“对不起”，不能从并排行走或说话的客人中间穿越。如果客人是靠左侧行走的，服务员则可以从客人右侧超越，但同样要向客人示意，这些都是服务员应做到的基本要求。

客房主管向客人道歉并承担了责任的做法是正确的，维护了客人的面子和尊严。而员工做的不好，管理者确实有责任。但是仅仅在客人面前承担责任还是不够的，重要的是在平时应当对员工加强礼节、礼貌方面的教育，而且应当是经常性的。礼节、礼貌知识是酒店服务人员的必修课。要不断提高员工素质，加强日常对工作中的检查，因为员工的一言一行、一举一动反映着饭店的服务水平和管理水平。管理者要能发现管理和服务中的问题，并及时加以改进。如果问题总是让客人发现、从客人口中说出，就成了饭店管理者的悲哀。

案例中的赵先生作为一家合资饭店的总经理，对于服务人员的言行举止很在意。赵先生说的话也非常在理，“我只是觉得我们做服务的人，应当时时有一种好的精神面貌，处处体现出严谨和规范”。

要改变和提高员工的基本素质和服务质量，一是要加强培训；二是要加强检查。饭店的各级管理人员是贯彻落实质量管理的组织者和实施者。管理人员要坚持走动管理，深入服务现场，从细处抓起，把质量管理贯穿于一切工作的始终，不放过一个细小的问题，防止把问题暴露在宾客面前，努力把质量问题消灭在萌芽状态。

2. 到底是谁的错

◆案例

一天中午，住在2972房间的客人从外面回到饭店，进到客房内，发现客房的卫生还没有打扫。客人有些不满意地找到了9楼的服务员说："我都出去半天了，怎么还没有给我的房间打扫卫生？"服务员对客人说："您出去的时候没有将'请即打扫'的牌子挂在门外。"客人说："看来倒是我的责任了。那么现在就打扫卫生吧，过一会儿我还要休息。"于是，服务员马上为2972房间打扫卫生。

第二天早晨，客人从房间出去时，把"请即打扫"的牌子挂在了门外的把手上。中午客人回来后，客房卫生仍然没有打扫。这位客人又找到这名服务员说："昨天中午我回来的时候我的房间没有清扫，你说是因为我出去的时候没有把'请即打扫'的牌子挂上，今天我出去时把牌子挂上了，可是我现在回来了，还是没搞卫生。这又是什么原因呢？"这名服务员又用其他的理由解释，说什么：一名服务员一天要清扫十几间房，得一间一间的清扫，由于比较忙，没注意到挂了"请即打扫"的牌子……客人问："你工作忙，跟我有什么关系？如果这样挂'请即打扫'的牌子还有什么意义。"服务员还要向客人解释。客人转身向电梯走去，找到大堂经理投诉。

事后，这名服务员受到了客房部的处理。

● 评析

在这个案例中，服务员遭到客人投诉，主要有以下几个原因：

第一，客人前一天找到服务员，问为什么没有搞卫生，服务员的回答就存在问题。服务员应先向客人表示歉意并及时清扫的同时，还应告知客人“明天我们一定尽早给您清扫房间”，并应及时通知领班做好记录，以便跟进落实，避免第二天同样情况再次出现。而不应该说是客人出去时没有把“请即打扫”的牌子挂在门上。如果这样说了，那就表示自己没有责任了，反而倒成了客人的责任。其实客人挂牌与不挂牌，只是清扫的先后与急缓不同。但除确认客人上午出去后，中午不会回房外，服务员是应当在中午前将房间清扫完毕的。

第二，服务员在工作中没有按照规定的工作程序操作。服务员在每天早晨开始工作时，应首先了解住客情况，检查有无挂“请即打扫”牌子的房间，以确定客房的清扫顺序。从第二天的情况看，服务员根本没有按照工作程序操作，只是按房间顺序清扫，使自己工作起来方便。另外，跟客人讲自己一天负责清扫多少间房子，要一间一间地清扫，就更是没有道理，那不关客人的事。如果这是理由，不管有什么情况都是按自己的方法一间一间地清扫，那么客人提出的要求和“请即打扫”的牌子以及工作程序就失去了作用。

第三，服务员在任何时候都不要将责任推给客人，客人并不想知道你的原因，他们要的是你的行动和结果。否则客人会因此失去对饭店的信任。如果说服务员第一天不知道，那么是自己告诉客人挂上牌子，第二天客人挂了牌子而服务员依然不去理睬，说明服务员对客人说的话根本就没往心里去。客人的要求既没向领班汇报，也没有做记录，服务员是不负责任的。客人的感觉就是在敷衍，是对客人的戏弄。

从表面看，这名服务员说话的语气和方式存在问题，总是解释、强调自己的理由。其实关键是缺乏宾客意识。服务业是依靠顾客生存的,客人是服务员的衣食父母。不从根本上转变观念,类似的投诉会更多。在客人失去对饭店的信任后,饭店就会失去客人。

3. 石头哪儿去了

◆ 案例

707房间住进来一位台湾客人,第二天早晨客人到外面游览。晚上,台湾客人刚回到房间就很着急的出来找到服务员,说他的东西丢了。值班的服务员忙问丢了什么东西,在哪儿丢的。客人说丢了一块石头,早晨出去时放在客房的卫生间,晚上回来时就没有了。服务员听说是一块石头,认为没什么大不了的,就对客人说:"您先别着急,负责搞卫生的服务员已经下班了,等明天上班我去了解一下。"客人说:"等明天可不行,这块石头可不是一般的石头,对于我来说非常重要。"

原来事情是这样的。这位客人是一位台湾老兵的儿子,他的父亲在解放前夕同国民党军队一起到了台湾。在老人心中有一种"死也要死在家里"的愿望。但是,出于多方面的原因,老人去世后没能安葬在家乡。因此老人在生前让子女们在自己死后的坟上埋上一块故乡的石头,再浇上一桶黄河水。现在住在707房间的这位台湾客人,就是特地回到大陆,在故乡的山坡上取了一块石头、打了一桶黄河水,准备带回台湾,了却老人生前的心愿。

值班的服务员知道了事情的原委后,就向值班经理做了汇报,马上打电话找到白天负责清扫707房间卫生的服务员了解情况。清扫员回忆说:白天清扫卫生的时候,是看到在卫生间的地上放着一块石头,石头上还沾着黄泥,弄得地上都是。当时想:这石头有什么用,脏兮兮的,而且是放在卫生间的垃圾桶旁边,认为是客人不要的。于是就和垃圾一起扔掉了。

值班经理决定马上寻找。可是饭店的垃圾是不过夜的,白天倒的垃圾此时已经运到了垃圾场。值班经理带着从家中赶回来的清扫员和其他几名服务员赶到垃圾场,幸好垃圾场还没有进行处理。在垃圾场工作人员的引导下,几个人打着手电筒,在脏臭的垃圾堆中寻找……终于找到了。

虽然服务员的疏忽给客人带来了麻烦,可是客人对饭店的处理态度和结果还是满意的。台湾客人接过服务员找回的石头,幽默的说:"幸亏你们没有把那桶黄河水倒掉,要不你们还得派人去趟黄河边。"客人说完笑了起来。听了客人的话,服务员们心里的"石头"落了地,可却不是滋味。

评析

从表面现象看,客房部值班经理的做法是值得称道的。晚上带着员工、打着手电在脏臭的垃圾堆中为客人找东西。但是仔细想想,这不是在为客人服务,而是对服务员工作过失的补救。本来是不应该发生的事。

服务员在清扫客房卫生时,看到了这块石头,认为石头很脏没用。虽然是放在地上,但当时客人并没有退房,房间里的东西是客人的,服务员根本没有权力扔。而且,东西有用还是没用,不能由服务员来认定。就是"一分不值",但那也是客人的。而且不同的东西对于不同的人,价值是不同的。即使是客人退掉的客房,服务员也不能主观地认定那石头是客人扔掉的还是遗忘的。

另外,一般的饭店对于如何判断客人的东西是要还是不要,是有明确规定的:那就是看客人的东西是放在垃圾桶里还是在垃圾桶外。放在垃圾桶里的东西应视为客人不要的,而没有放在垃圾桶里,服务员就不能自作主张扔掉。

由此看来,服务员在工作时要严格执行饭店的各项规定;要明确客人与服务员的位置和职能,事事以客人为中心。当客人发现石头不见了,找到值班服务员的时候,服务员应在任何情况下都应在第一时间内联系上相关人员，不应推脱，对服务员来讲，客人的事都是大事。服务员是为客人提供服务的，而不是为客人、为饭店制造麻烦的。也正像客人说的：要是把那桶水也倒掉，就更麻烦了。饭店业有句常说的话：服务无小事。但仔细想想，服务中本没有什么“大事”可言，但每一件“小事”，对于客人和饭店的影响，可能都是巨大的。

4. “请勿打扰”牌是干什么用的

◆ 案例

早晨 8 点，班组例会结束后，客房服务员开始了一天的工作。他们从工作间推出了工作车，准备开始清扫客房卫生。

一名服务员看到 608 房间的门把手上挂着“请勿打扰”的牌子，就没有清扫，先去清扫其他的房间。608 房间住的是一位日本女客人。

到了下午，服务员看到 608 房间的客人从房间走出来，关上门，向电梯走去，就推着工作车来到房间门口准备清扫。可是一看门把手上还挂着“请勿打扰”的牌子。怎么回事呢？明明是眼看着客人出去的。服务员心想：可能是客人出去时忘记了把“请勿打扰”牌摘下来。因为平时客人出去忘记摘牌的情况时常发生，客人回来一看房间的卫生还没搞，就问为什么没有打扫卫生，服务员还得马上去打扫。这回估计也是客人忘记把牌子摘下来了。反正也是自己的活，服务员敲了敲门，确认房间内没有客人，就用工作钥匙把门打开搞起了卫生。

过了一会儿，客人从外面回来，看到自己的房间被清扫过了，马上找到楼层领班发起了脾气。客人说：“我的房间有人进来过，为什么？”领班说：“对，是服务员进去为您清扫房间卫生。”客人手里拿着“请勿打扰”牌，举到领班面前：“我不管服务员进来干什

么，我先问你，这是什么？这是干什么用的？”领班说：“对不起，服务员可能以为是您出去时忘记把牌子摘下来了。”客人说：“你说的‘以为’不是理由，我在房间门外挂上牌子的目的就是不让别人进去，是因为我的衣服和用品都摆在床上没有收拾起来，我私人的用品哪能让你们动呢。我的房间你们想进就进，客人在你们面前都没有隐私了，如果是这样，住在你们这里连安全都保证不了。”领班不断的向客人道歉，客人才渐渐平下气来。

评析

服务员为客人清扫房间，为什么客人还发火、投诉？服务员错在哪里？应从中吸取什么教训？

首先，服务员没有按照工作标准操作。客人问得好：“请勿打扰”牌是干什么用的？客人挂“请勿打扰”或开启“请勿打扰”指示灯的目的就是要告诉服务员，我不让你进我的房间。做为饭店，对于房间挂着“请勿打扰”牌的处理方法都有相应的规定。挂“请勿打扰”牌或开启“请勿打扰”指示灯的房间，服务员绝对不能敲门和进入。如果到下午两点，房间仍挂着“请勿打扰”牌或开启“请勿打扰”指示灯，而房间的卫生还没有清扫，服务员应向领班汇报，然后由领班往房间打电话，由领班或客房服务中心值班员打电话与客人联系。如果有客人接听电话，就应询问客人何时可以清扫卫生。如果客人谢绝服务，领班要进行记录并向晚班服务员交班，晚上客人需要时再为客人清扫。如电话无人接听，领班应前往敲门确认无人后进入房内，查看房内有无异常。如无异常，退出房间并进行记录。发现客人生病或其他事故，应立即汇报上级采取相应措施。

即使是有其他原因需要开门，也应汇报请示相关领导。案例中服务员的做法，正像客人所说的那样：客人在服务员面前都没有隐私了，连安全都保证不了。

第二，服务员凭经验主观判断“是客人出去时忘记把牌子摘下来”,原因是以前出现过这种情况。这是把以前偶然出现过的情况当成必然。其实在实际工作中经常会有客人离开房间后忘记摘下“请勿打扰”牌或者关闭“请勿打扰”指示灯的情况,当服务员发现这种情况时应及时通知领班及主管,联系客人后在做清洁。

第三,在饭店负责清扫客房卫生的服务员当中,对于客房门外挂有“请勿打扰”牌或开启“请勿打扰”指示灯的情况,有一种这样的思维习惯,希望早一些对挂“请勿打扰”牌房间的卫生进行清扫,如果到了自己快要下班的时候清扫,就有可能耽误自己下班。因此有一些服务员想的只是自己如何完成自己的工作,是从自己的私心上考虑的,而没有服务的概念,没有想到客人的感受。客人提到自己的衣服和用品没有收拾,其实这是客人挂“请勿打扰”牌或开启“请勿打扰”指示灯,不让服务员进房间的主要原因。客人的衣服和用品,特别是女人的用品,暴露在外人面前是很令人尴尬和被认为是不礼貌的。而日本女人是很讲究礼仪的,因此在这方面就更加在意。在日常接待的客人中还有一种情况,就是客人在房间的物品或者是资料文件一类的东西较多,为了防止服务员清扫房间卫生时弄乱,所以在出去的时候也把“请勿打扰”的牌子挂在门上。因此,客房的“请勿打扰”牌有两种作用:一是客人在房间,不希望服务员打扰;二是客人不在房间而不希望服务员进入。看来客房服务员对“请勿打扰”牌和“请勿打扰”指示灯作用的理解也存在问题。

从以上几个方面的分析看,客人的投诉虽是必然的,但也并不是不可避免的。

5. 是谁拿走了小费

◆ 案例

一天早晨,刚刚 8 点钟,就有一位日本客人找到大堂经理投诉。这位日本客人是随一个旅游团到中国旅游的,这天就要结束

北京的旅程离开饭店。早晨7点半吃早餐,8点钟离开饭店。但是在他吃完早餐回到房间取行李时,发现他放在床头柜上的、给服务员留的小费不见了。

虽然饭店有不允许服务员收小费的规定,但对于客人的投诉,大堂经理还是有些不明白,值班的大堂经理问客人:“您放在床头柜上的小费不是留给服务员的吗?为什么小费不见了还要投诉?”客人说:“我放在床头柜上的小费是留给在我离店后,为我清扫房间的服务员的。可是服务员在我还没有离开饭店、没有为我清扫房间的情况下,就把小费拿走了。这是不道德的,是不劳而获,所以我要投诉。”

由于团队的客人多、房间多,客人离店时又必须要检查房间,所以为了减少客人离店前等候查房的时间,在一般情况下,早晨离店的团队客人的行李已经提前整理好,所以团队客人早晨离店前的查房工作,一般是在客人吃早餐的时间进行。

日本客人投诉说小费不见了,正是在客人去吃早餐时,被检查房间的服务员拿走了。大堂经理对客人的投诉进行落实,由于客人的投诉内容属实,而且此事给饭店造成了不好的影响,大堂经理代表饭店向客人道歉。而这位查房的服务员被饭店辞退了。

评析

客人放在房间床头柜上的钱,本身就是留给服务员的小费。服务员拿了,为什么客人还要投诉?为什么要辞退服务员?

首先,客人住在饭店是付费的。客人不给小费,服务员也理所当然的为客人提供服务,为客人服务是服务员的职责。客人给服务员小费是客人自愿的,是对服务员所提供服务的一种认可或表示谢意的一种方式。小费是客人留给清扫房间的服务员的,作为客房服务员都是清楚的。而查房的服务员在没有为客人提供服务的情况下,把小费拿走,客人当然要投诉。把客人留给清扫房间卫生的服务员的小费拿走,确实是不劳而获,是一种“道德”问题。

第二,国内的饭店,一般是不允许服务员收受或向客人索取小费的。即使是客人诚心诚意给的推辞不掉收下了,也应及时上缴,按饭店的有关规定处理。

第三,此事引起客人投诉,给饭店造成不良影响。在客人吃早餐的时候,利用查房的机会,把客人的钱拿走,会使客人觉得饭店在管理方面存在漏洞,服务人员的素质低下。特别是国外的旅游客人,很可能不会再来,客人对饭店留下的印象很难改变。饭店在声誉上的损失是无法挽回的。因此,像这样的服务员,饭店给予辞退的处理是不为过的。

饭店是不是允许收小费是另一个问题,单就没有为客人提供任何服务、私自拿走客人的钱而言,已不仅仅是收取小费的问题了,而是一种"窃取",是属于品质和道德问题。

6. 这不是为了客人方便

◆ 案例

一天下午,楼层领班在检查一间服务员刚刚清扫过的客房时,看到床已经做好了,可是床罩却没有盖在床上,而是折叠起来放在行李柜上。领班找到负责清扫这间客房的服务员,询问是怎么回事,床罩为什么没有盖在床上。这位服务员解释说:"在搞卫生之前进到房间时,床罩就放在行李柜上,可能是客人不需要床罩,所以为了客人方便就没有盖上。"领班问:"不需要床罩是不是客人提出来的?"服务员说:"客人没提,是我估计的。"领班就让服务员把床罩盖好。

事后,领班在班组会上讲了这件事,对当事人进行了批评。

● 评析

客房服务员清扫过的每一间客房,领班都要进行检查。在检

查时发现的设施设备、服务卫生等问题，服务员都要及时改正过来，确保客人入住的每一间客房都是合格的产品。

这个案例，反映出几个问题：

1. 服务员在工作中没有按照工作标准去做。床罩是应当盖在床上的，服务员在清扫房间时没有盖上，就是为了图自己省事，可是还找出理由辩解，为自己找借口，说进房间时床罩就放在行李柜上，还说是估计客人不用床罩。作为客房服务员应该知道，那是前一天晚班的服务员开夜床时放在行李柜上的。

2. 服务员缺少宾客意识。服务员想的只是自己如何才能省一点事，而没有去想客人和工作标准。床罩的作用一是装饰，二是卫生。如果有客人来访，床上不盖床罩，对于客房的主人是不礼貌的，而来访者则会显得尴尬，仿佛是在卧室接待客人。想一想，如果是套房，来访者一般是不进入卧室的，而标准间是卧室、客厅兼用，床罩只是在开夜床时才会拿掉。

3. 领班在工作中严格执行标准又不武断。当领班在查房时发现这一问题后，先是向服务员了解情况，对事情进行分析，在问清原因后令服务员改正，同时找出了服务员这样做的根源，说明这样做不是为了客人方便，是为了自己方便。把此事拿到班组会上讲，批评教育本人，防止以后其他人再发生此类问题。这位领班决不是小题大做，反映出他能够及时发现问题，具有较强的宾客意识和工作责任心。

7. 这不是小费

◆ 案例

这天晚上22点，楼层夜班的服务员刚刚接班。这时，“叮咚”一声，电梯停在了7楼，从电梯里面走出了一男一女两位国内客人，男的看上去50来岁，女的20岁上下。服务员问客人是哪个房间的，那位先生说住在769房间。服务员查看了一下住客登记单，769房间只有一位男宾的登记。服务员请那位小姐填写会客登记单。小姐说到房间和客人说一点事情，马上就走。服务员没有再坚持让小姐登记，就让小姐随那位客人进了房间。

已经是23点多了，过了饭店晚间会客的时间。服务员想起769房间还有一位会客的小姐没有离店，于是就往769房间打电话，告诉客人已经到了停止会客的时间。过了一会儿，769房间的客人来到服务台，可那位小姐却没有出来。这位先生对服务员说，他们有些事还没有谈完，请服务员通融一下。说着，客人塞给服务员50元钱，服务员没有接钱也没有说什么，客人把钱放在服务员面前的服务台上转身回到了房间。客人离开后，服务员把钱装进了兜儿里。

已经是凌晨了，小姐还没有从769房间出来。服务员明白，这位来“说一点事情”的小姐今晚是不会出来的了，但是他没有勇气再请小姐离店或者汇报。第二天早晨，769房间的客人和那位小姐一起从房间出来，走进了电梯。

评析

外来访客到客房会客，服务员应按饭店和公安部门的有关规定，执行会客登记制度。晚间会客时间不得超过23点。如果超过了停止会客的时间，服务员应打电话通知房间的客人，提醒客人已经到了停止会客的时间。如房间主人欲留访客住下，服务员应提醒客人到总台办理住宿登记手续。如果客人不理睬，客房服务员应打电话通知总台，由总台接待员往客人的房间打电话向客人说明留宿须登记的规定，通知住客让留宿人持有效证件来总台补办入住登记手续。如留宿客人超出该间客房已登记的床位数或不符合同宿的规定的，可让他们另开房间。如住客拒绝合作，执意留宿其他人员，接待员应将情况及时通知大堂副理和保卫部，由他们出面解决。

没有在饭店办理入住登记的客人不能留宿。这样的规定是为了保障客人的人身财产安全和饭店的安全。

对于服务员是否可以收客人给的小费，各饭店有不同的规定，暂且不论。但案例中的服务员收的50元钱不是小费。小费的概念是服务员为客人提供服务后，客人表示满意，而主动地、心甘情愿地送给服务员的偿金，是对服务员表达谢意的一种方式。即使是为客人提供了满意的服务，客人付给服务员小费，也应婉言谢绝，如客人执意要给服务员应按规定上缴。

本案例中的服务员是利用工作之便，借机变相向客人索取小费，深入地说是索取贿赂。服务员收了客人的钱，虽然是客人主动塞到手里的，但这并不是客人为了对服务员表示感谢而给的，也不是心甘情愿给的，而是具有某种动机，欲达到某种目的，实际上是在贿赂服务员。过了会客时间，服务员通知客人请来访者离开饭店，而客人塞了钱以后，她对来访者的留宿就不加制止，就是默许了来访者的留宿。这是违反规定的行为，会受到严厉处罚的。

另外，黄毒是极易引发刑事案件的，在任何时候都应高度重视。

8. 衣服洗坏了为什么不说

◆ 案例

香港客人吕先生住在了某三星级饭店。这天早晨，吕先生从房间出来时，把要洗的衬衫放在了客房的洗衣袋里，并填好了洗衣单。客房服务员在清扫房间的时候把衣服取走送到了洗衣房。

下午5点钟，洗衣房的员工将洗完的衬衫送到了吕先生的房间。晚上吕先生回来后，发现衬衫的领子洗坏了，便打电话到客房服务中心。由于客房中心的值班员不知道此事而无法答复客人，于是又打电话到洗衣房。洗衣房知道此事后，洗衣工来到吕先生的房间，向客人解释原因，说这件衬衫比较旧、有些糟了，不结实。吕先生没等洗衣工解释完就发脾气了："你们把我的衬衫洗坏了，也不跟我说一声，就放在我房间了。如果我没发现，你们跟不跟我讲？我现在找你们问一问，你倒说是我的衬衫不结实。照你那么说，不是你们的错，反到是我的错了？不行，你们得赔我的衬衫。"

洗衣工一看，不知如何是好。这是一件名牌衬衫，很贵。洗衣工忙向吕先生求情，请求原谅。她对吕先生说："如果要让领导知道了这件事，不但得让我赔，还得扣我的奖金，我们的收入本来就不高。"吕先生一听更加生气："你们洗坏了我的衣服，还怕领导知道，怕扣奖金，对你们应该是同情和原谅，那么谁应该对我负责。行了，你出去吧，我不和你讲了，我要找值班经理。"

吕先生找到了值班经理，值班经理代表饭店向客人道歉，而结果正像洗衣工自己说的那样，赔了吕先生的衬衫，还被扣了奖金。

● 评析

在这个案例中，洗衣工有四错。

1. 洗坏了客人的衬衣是由于洗涤的操作不当造成。所有的衣物在洗涤前都应仔细的检查，如发现有破损应在洗衣单上注明，并在洗涤当中倍加小心。本案例中的洗衣工的责任心不够，没有按照工作程序去做。

2. 洗坏了客人的衣服应首先向领班、主管汇报，主动向客人讲清楚，向客人道歉，并听取客人的意见寻求适当的解决办法；而不应存有侥幸心理，在不告诉客人的情况下，悄悄将衣服放进房间。如果悄悄放回，等到客人自己发现后，在问题的解决上，饭店便处于被动，而且饭店的信誉度会受到影响。

3. 洗衣工不应私自到客房去向客人解释，想方设法推脱自己

的责任。面对客人，总是在找客观原因。说客人的衣服不结实，等于是把责任推到了客人一方。而这样必定会激怒客人。正确的方法应当是由客房服务员和领导出面。

4. 在客人生气后，洗衣工依然没有向领导汇报，而是向客人诉苦，试图求得客人的同情。客人住饭店需要得到的是优质的服务，至于自己受处理、扣奖金之类则是饭店的事，没有跟客人讲的必要。而工作出现问题，受到处理、被扣奖金也是必然的。对客人负责、对饭店负责才是最根本的。

从以上工作人员的错误中可以分析出，是饭店在管理上存在漏洞。洗衣出了问题，仍送到房间，就说明在衣物的洗涤、检查等环节上存在漏洞。洗衣从开始洗涤前的检查、洗涤、熨烫、洗涤后的检查和包装，经过了多道工序，经过了多个人的手，都没有发现问题，或者是发现了没有引起重视。这就是服务质量的缺失，也就是管理缺失。

正确的做法应当是：在洗涤前的检查中如发现衣物有破损，应首先联系客人确认。若客人不在，可先送回并附上破损卡，待客人签字确认后再洗，并在洗涤过程中多加小心或者安排专人单独处理。

如洗涤后出现衣物破损现象，或者由于洗涤不当造成的衣物损坏，应及时向领导汇报先期采取弥补措施。按照饭店及洗涤业的惯例，洗涤造成衣物损坏的赔偿，最高赔偿金额为此件衣物洗涤费的10倍。但是这个赔偿额度在实际工作当中往往达不到客人的赔偿要求，因为有时客人衣物的价值远远高于洗涤费的价格。因此对于客人衣物洗涤出现的问题，应想出若干解决方案，由主管或者经理出面及时面见客人，视实际情况解决。

9. 你为什么抽我的烟

◆案例

白木，一位来自日本的小伙子。因为在中国工作，已经在饭店住了一年多。白木性格外向，愿意与人交往。由于同是年轻人，彼此又很熟悉，时间长了他和客房服务员的关系都很好。所以白木与服务员都很随便，已没有了起初的客气，没事的时候就和服务员在一起聊天或学习一些中文，还经常开一些玩笑。有时白木想抽烟，身上又没带，就向服务员“噌”一支抽。

白木喜欢喝酒。一天晚上，白木和朋友一起到外面喝酒，喝完酒回到饭店已经快到夜里 12 点了。到了楼层走下电梯，来到房间门口，白木一摸兜儿，没带房间钥匙。由于白木喝的酒有点儿多，也想不起把钥匙放在哪里了。白木就找到夜班的服务员让其帮助把房间的门打开。

这天是小王值夜班，见白木没带钥匙来找自己开门，小王就拿出备用钥匙为白木开门。小王为白木打开房间门后，和往常一样，跟随着白木一起走进房间，像老朋友一样随手拿起放在桌子上的香烟，抽出了一支点上。可是没想到白木由于喝多了酒，和往常可不一样了。他见小王很随便的拿起自己的烟就抽，白木板着脸问小王：“你为什么抽我的烟？”小王此时没有注意到白木与往常有什么不同，小王说：“我的烟抽完了。”白木说：“你的烟抽完了，也不能抽我的烟呀。”小王这时一看白木不是在开玩笑，就把已经点着的烟放下，从白木的房间退了出去。

第二天一大早，白木投诉，说小王昨天晚上未经他的允许，就进到他的房间，并且还拿他的烟抽。

由于平时和客人的关系比较好，服务员忽视了自己与客人的界限，忘记了自己与客人应该是一种什么关系，而引起了客人的投诉。小王因为违反纪律并导致人投诉，而受到了饭店的纪律处分。

评析

作为服务员，无论在什么情况下，都不能忘记自己的角色。服务员与客人的关系，是服务与被服务的关系。客人在饭店住的时间长了，与服务员彼此熟悉了，应当是服务员更了解客人的性

格和生活特点，使对客服务更具有针对性；而不能因为与客人熟了就忽视礼节礼貌，对客人不拘小节，不分你我。服务员不能与客人关系过密而忘记了自己是服务员，一旦客人不高兴或投诉，不论客人如何，服务员是不会占理的。因为最重要的是：对方是客人，而自己是服务员，为客人服务是自己的工作，服务是自己的产品，客人是服务产品的消费者。

通过案例可以分析，客人与服务员不分你我，但客人终究是客人，客人心中的尊严是存在的，这是客人本身的社会角色决定的。虽然只是一支香烟，但小王缺少的是宾客意识和角色意识，忽视了客人的存在，冒犯了客人的尊严。而在客人喝多酒的情况下，客人的思维和行为都有可能与平时不同，一旦客人的财物、身体等出现问题，也很容易给服务人员和饭店带来更大的麻烦和不良后果。

不要忘记，服务员与客人是不可能“平等”的。服务员应该明白，无论跟服务员多么熟悉的客人，都有他的尊严，都希望受到尊重。作为服务员，只有真正理解了宾客的含义，才能真正理解和做好服务工作。

10. 不该发生的事

◆ 案例

中午 1 点，客房服务员正在 2138 房间清扫卫生。这时，住在这个房间的客人陈先生回到了房间。陈先生告诉服务员，卫生间的水龙头从昨天就不好使。服务员按照客房设备报修程序，把 2138 房间的卫生间水龙头不好使的情况通知了客房服务中心，再由服务中心向工程部报修。服务员清扫完客房卫生后，就离开了 2138 房间去清扫别的房间了。

到了下午 3 点，工程部的维修人员在客房服务中心服务员的带领下来到了 2138 房间门外。服务员按照工作程序敲了三下门后，房内没有回音。又敲了两遍，还是没有回音。服务员就认为客人没有在房间内，于是服务员用工作磁卡钥匙打开了门上的磁卡锁。当服务员推开房门正要走进房间的时候，陈先生猛然从床上坐了起来。原来陈先生正在睡觉，听到有人开门进来被惊醒了。陈先生下到地上，冲着服务员和维修工发起了脾气，并找值班经理投诉。

事后，饭店对客房服务中心的服务员和维修工做出了处理。还就此次投诉，在全饭店内展开了大讨论，分析发生这件事情引起客人投诉的原因，以后如何杜绝类似的事情发生。

评析

发生了客人投诉，仅对当事人进行处理是不够的。关键是要找出事情发生的根本原因，避免当事人及其他人员以后再次发生类似的问题。

首先，从管理者到服务员应当具备较强的产品意识和质量意识。卫生间的水龙头不好使，是客人自己提出来的，服务员在清扫客房卫生时没有发现并予以解决。客房服务员在清扫卫生的同时，检查设备是否完好是其客房清扫工作必须包括的内容之一。服务员每天清扫房间，每天都应检查设备；领班每天也应检查，及时发现和解决问题。客人提出问题的时候，告诉服务员水龙头昨天就不好使了。那么就是说昨天和今天提供给客人的都不是合格的产品。领班和服务员工作不够细致认真，也就谈不上把合格的产品提供给客人。

第二、服务员缺乏责任意识。当客人告诉服务员后，服务员没有去想客人是否要休息，没有询问客人什么时间修理合适。另外作为客房服务中心的服务员，在接到清扫员报修并通知工程部后，不是就此没事了。如果过了一会儿维修工还不来，就应该催问一下。

第三、服务员和维修工缺乏宾客意识。他们在工作中没有去替客人着想。服务员存在“我已经通知工程部了”；维修工存在

“早干晚干反正是我的活儿”的意识，因此才会有1点钟报的修，3点才来修理的事。如果在报修之后的几分钟内到来，那么服务员还在客房内清扫卫生，客人也还没有休息。

在客人的眼里，通过饭店设施情况可以看出饭店在管理、制度、服务等方面的水准。另外，安全的需求是人们除了生理需求以外最基本的需求。客人住在这样的饭店内，服务员和维修工可以随时“闯入”，没有了安全感。没有安全感的饭店，还会有谁敢住呢？

通过上述分析，可以得出结论：不管怎么说，这起投诉是不该发生的事。领班、服务员、维修工每一个环节都存在问题，如果其中有一个环节做好了，都可以使这件事不发生。看来饭店还是在管理上存在问题。给客人留下的印象和对饭店的影响是不易转变和挽回的。

11. 床单中的睡衣

◆ 案例

一天，布草房的师傅正在仔细的清点客房服务员送来的客房撤换下来的棉织品时，一个白色的东西从一团卷着的床单中掉了出来。布草员捡起一看，是一件睡衣。布草员明白，这又是客房服务员在清扫客房卫生换床单时，没有发现床单中的睡衣，随换下的床单一起卷了出来。

布草员把这件睡衣交给了客房服务员。客房服务员看到把客人的睡衣夹带出来了，有些着急。可是由于自己在操作时没有按照操作要求，一层一层地撤，把床单抖开检查，而是将两条床单整个一卷就拿走了，根本就没有看到床单里的睡衣。现在也根本不可能知道这件睡衣是从哪个房间撤出来的了。

白天客人都不在房间，即使客人在房间，服务员也不可能拿着睡衣挨着房间去问客人是谁的，只能把睡衣放在客房服务中心，做交接班，等着有客人晚上要睡觉时，发现睡衣不见了，自己找来再说吧。造成客人着急和不便，客人会因此对饭店留下不良的印象。所以对不按要求操作造成工作失误的服务员进行处理是肯定的。

评析

客房服务员在清扫完客房卫生后，要将客人用过的床单、毛巾等棉织品送到饭店的布草房，布草房要对送来的棉织品进行清点、检查，然后客房服务员按照清点的数量，换回洗涤过的干净棉织品准备下一次使用。

根据各饭店的不同档次和具体情况，做床有使用两层床单，也有使用三层床单的。但是不管使用几层床单，任何饭店都有这样一条规定：做床前，在撤去客人用过的床单时，要一层一层地撤下，然后还要抖开检查，确认床单内没有夹带物品后，方可装进布巾袋中。

床单分层撤的目的，就是防止物品被床单夹带裹出。有可能夹带在床单内的物品，有客人的睡衣、睡裤、发卡、首饰、手表、玩具，如果客人有睡觉前躺在床上看书、看电视的习惯，还会有书刊和电视遥控器等。

如果服务员在撤床单时不按照要求分层撤并认真检查，夹带出的物品就会被送到洗衣房。这样在客人发现后，一是可能引起客人的不满甚至投诉；二是如果客人当时没有发现，也不容易查找是从哪一间客房撤出的。所以服务员在做床撤床单时要分层撤。

出现案例中的问题，就是清扫客房卫生的服务员没有按照要求操作，工作不细心，责任心不够强，图省事，怕麻烦。相比之下，布草员在工作中是按照操作要求做的，清点床单时，做到了仔细地清点和检查。这样至少能确定睡衣是出自这位自换布巾的服

务员清扫的十几间客房。如果布草员要是在洗涤的时候发现，就可能连睡衣是出自哪个楼层都无法判断了。

客人的睡衣没有了，客人在回到房间的时候往往也不会及时发现的，只有到客人要睡觉的时候才会发现。这就会给客人带来很大的不方便。因此，这看似简单的一件事，会影响到客人对饭店的印象和评价，影响到饭店的服务水平和声誉。在撤换床单时如果发现有睡衣，规范的做法应当是，把客人的睡衣整齐地叠起来，放在枕头下。

对于一些在工作中容易忽视的小事和服务员在操作中应当遵守的规定，管理人员要经常讲，反复讲，并在日常工作中坚持走动式的管理方式，加强检查各种规章制度和工作标准的执行情况。一家饭店的服务水平和管理水平的高低，就是从日常的小事中体现出来的。这就是管理学中的限定因素原理，即“木桶原理”。一只由长短不一的木条围成的水桶，盛水时只能盛到与最低的木条一样的高度。不管服务员为客人提供了多少满意的服务，哪怕有一次做的不好，那么很可能客人就会通过这一次服务，对饭店的服务和管理做出评价。因为一次对于很多客人来讲是个别因素，而对于某一位客人而言，可能就是全部印象。

12. 两本挂历

◆案例

客人已经退房离开饭店，客房服务员在清扫客房卫生时，看到在写字台上有两本挂历，认为这不是什么贵重物品，又是放在桌面上的，不会是客人忘记的，肯定是客人丢弃不要的，就自己把挂历拿回了家。

当天晚上，客人从外面打来电话，向客房服务中心询问，说他退房时放在桌上的两本挂历忘记带走，那是他准备送给朋友的，问服务员在检查房间时有没有看到。客房服务中心的服务员查了一下走客查房记录后，答复客人说没有。客人肯定地说："有，那是我准备送人的，我在收拾东西时特意放在桌子上准备带走，结果从房间出来时忘记拿了。今天我要送人时才想起来，麻烦你再给我查一查。"客房服务中心值班的服务员听客人说的如此肯定，可是查房记录上又没有，就告诉客人会尽快查找，并会给他答复的。然后她把此事向值班领导做了汇报。

第二天一早，客房部的主管在查过客房清扫工作单后，找到了清扫这个房间的服务员，问服务员在清扫房间时有没有看到客人放在桌子上的挂历。服务员就把自己在清扫房间卫生时看到挂历并把挂历拿回家的事说了。主管立即让她把挂历拿回，还给了客人。

挂历虽然找到并还给了客人，但还没有找出问题发生的根本原因，没有落实责任。因为在走客房被清扫以前，客人离店时是有服务员专门来检查房间的。可是当客人打电话来询问，客房服务中心的服务员在查房记录上却没有查到此房间有客人遗失物品的记录。主管找到当时查房的服务员，查房的服务员也说在检查房间时看到了放在桌子上的挂历，认为是客人不要的，就没有当作是客人的遗留物品拿回客房服务中心为客人保留，也没有在查房记录上记录。

最后除了清扫客房卫生的服务员因为私自将客人的遗留物品拿走，并且违反了饭店的纪律而受到了处分。同时，在客人离店时检查房间的服务员，由于没有按照工作要求，将客人的遗失物品保存、登记，也受到了相应的处理。

评析

案例中清扫客房卫生的服务员在清扫走客房的卫生时，没有按照饭店的规定，将发现的客人物品上缴。而自己认为不是贵重物品，可能是客人不要的，便拿回了家。这是违反饭店规定的行

为。服务员在清扫走客房的卫生时，凡是不能确定是垃圾的东西都应上缴，并且进行登记保存。各个饭店都有关于此方面的规定。服务人员无权私自处理客人的遗留物品。而且对于发现的物品是否有用，是对于客人而言，而不能以服务员的主观认定是不是贵重物品、客人是否有用而定。私自将客人遗忘在房间的物品拿回家，更是严重违反了饭店的纪律。

走客查房（客人离店退房时，服务员检查房间），是客房工作程序中的一项重要内容。检查房间时发现有客人遗忘的物品，正确的做法应当是马上送还客人。如果客人当面明确表示是不要了的，各饭店都会有相应的处理办法和规定，服务员私自拿走都是不允许的。如没有追上客人，应在客房服务中心保存、登记，以备客人过后查找。案例中检查房间的服务员也认为挂历是客人不要的，没有将客人遗忘的挂历保存、登记，以至客人打电话查找时，在记录中查不到。因此，检查房间的服务员也负有不可推卸的责任。

服务员仅凭自己的认识去认定事物，一旦出现问题，不仅是自己受到处理，更重要的是客人的利益受到了损失，饭店的声誉受到影响。此事出现的根本原因在于，没有按照工作程序操作，工作中的规定没有去执行。从管理角度讲，领班、主管和部门经理应经常的检查各项工作标准的落实情况，各种纪录是否齐全、规范。此案例暴露出了日常管理的漏洞。

13. 好心办了坏事

◆ 案例

有一位先生来找453房间的客人，服务员告诉这位先生说："453房间的客人出去了，现在不在房间。"来者说："住在这个房间的人是我的朋友，我是来看他的，能不能帮我把门打开？"因为饭店有这方面的规定:服务人员不得为本房间以外的其他人开门。除非是房间的主人有留言。而且为来人开门时要核对证件、姓名。因为453房间的客人没有留言,所以服务员没有为来访者开门,并且告诉来人:“房间的主人没有留言,很抱歉不能为您开门。”来访者说:“没问题,我们真的是朋友。”服务员耐心地说:“要不您下次先与您的朋友联系好了再来。如果您不着急,也可以到大堂的沙发上休息一会儿,等一等。”来者又说:“我知道你们是为了住店客人的财产安全,这是应该的。可我进房间不是要往外拿东西,我是要往房间里放东西,这也不行吗?要不你们陪我一起把东西放进去。”服务员说:“没有客人的留言,房间门是不能开的。要不这样,您把东西放在我们这里,等他回来后,我为您转交。”来者一听说:“行。”就把东西留下来了。

在来访者走后不久,453房间的客人回来了。服务员主动把来访者留下的东西送到了客人的房间。服务员的话只说了一半,客人就打断了服务员的话说:“谁让你把东西留下的,那个人和我是业务关系,他就是趁我不在房间的时候来的。他是来向我行贿的,知道当面送来我不会要。如果我要了他的东西就麻烦了。”服务员一听这话,不知道该如何是好。站在那里一句话也说不出来。客人倒也理解服务员是好意,就对服务员说:“东西还是放在你们那里,他还会来取走的,是我不要,不会怪你们。”

服务员心里很别扭:真是好心办了坏事。

评析

这个案例告诉我们,作为一名饭店的服务员,要想做好服务工作,使客人满意,仅仅做到主动、热情是不够的。

在工作中,会遇到各种各样的人和事,服务员凡事要多动脑筋想一想,即要学会用脑服务,学会保护客人、保护自己。

案例中的服务员在房间主人不在的情况下,认真执行规定,没有为来访者开门,做的是对的。因为没有房间主人的留言,服

务员是不能为其他人打开房门的。这是为了住店客人的人身和财产安全。客人在饭店租了房，在客人入住期间，就是客人的家，所以为客人看好“家”是服务员的责任。

服务员在安全制度上坚持了原则，但是服务的热情使其不假思索地把来访者送来的东西留下了。案例中的来访者由于是来行贿的，所以特意趁客人不在房间时送来。服务员本身是想为了使客人满意，有较强的工作热情，可是却帮了客人的倒忙。服务工作看似简单，可是什么样的事、什么样的人都有可能遇到，要想真正做好服务工作也不是一件容易的事。

当然，服务员遇到上述情况，对于送物者的目的很难判断，而又不能刨根问底。那么遇到类似情况，服务员如何才能做到处理得当呢？

在正常情况下，客房服务员是不能代客转交物品的。当然，当住店客人不在房间时，为客人转交物品又是饭店应有的服务内容之一。对于所转交的物品是否是客人需要的，服务员有时无法判断。饭店通常的做法是由前台做此项工作。前台接待员当面确认所收物品的数量和完好程度，由送物的客人填写《转交物品代办单》，并留下来人的姓名和联系方式。如果是现金、易碎品、贵重物品以及危险品等前台接待员是不能代收代转的。按饭店通常做法去做的好处是在将物品转交给住店客人时可以向客人说得清楚，如客人不要或者是出现其他问题，也能有办法与送物人取得联系。

14. 误闯客房

◆ 案例

一天下午，负责清扫客房卫生的服务员，推着工作车来到804房间门口，准备清扫804房间的卫生。这个房间住的是一位国内的女宾。在敲了两下门后，随手用磁卡钥匙打开了客房的门。推开门就要往里走，一抬头看见804房间的客人身上一丝不挂的坐在沙发上，正在看电视。由于服务员的突然闯入，客人还没有反应过来，不知所措的愣在了那里。当客人反应过来的时候，服务员也退出了房间，关上了门。

过了一会儿，这位客人找到饭店的大堂经理投诉，说服务员未经允许闯入她的房间，侵犯了她的隐私，并要求索赔。结果饭店领导向客人又是赔礼道歉，又是减免房费。最后饭店将清扫卫生的临时工辞退。

客房部的领导把此次客人的投诉作为案例，在员工中展开了讨论，并对服务员进行培训。客房部还从管理、检查、操作上完善标准，要求管理人员和员工在以后的工作中吸取教训、引以为戒。

● 评析

这样的投诉，处理起来是非常棘手的。一方面是由于服务员没有按照工作标准操作，另一方面又涉及了客人的隐私，客人在自己的房间内没有了安全感。发生这起投诉，应从以下几个方面进行分析。

第一、服务员没有按照工作标准操作。

虽然在进入房间前敲了门，但只是应付差事的敲了两下，与饭店规定的标准相差甚远。饭店规定服务员进入房间前敲门三次，是为了给客人充分的反应和准备时间；报明身份是为了告诉客人来者是谁。

服务员在工作前首先要了解房态，在进入住有客人的房间时应更加注意。如果房间内的客人在卫生间内、正在打电话、看电视等，都有可能影响到客人的听力。因此服务员在工作时要想到各种因素的存在，虽然客房是自己的工作场所，但不要忘记，那是客人的“领地”。

第二、服务水平的高低，培训起着重要的作用。

很多企业都存在着新员工进店后,舍不得时间和人力进行培训,仓促上岗的情况。那么员工的操作技能和服务质量也就得不到保证,这也是服务质量和人员素质低的原因。

服务员在上岗前的培训应做到有计划、有实施、有考核,还要做到有落实。服务员在上岗前应接受哪些培训、培训需达到什么标准,以及员工在上岗后如何操作,都是对培训效果的检验。我们既要使员工知道如何做,还应让员工明白为什么这样做。这样员工对标准的执行率就会提高。同时不要忽视了对在岗员工的再培训,使培训循环起来成为管理的重要部分。

第三、服务好与差的根源在管理。

饭店和客房部的管理者除应重视员工的培训以外,对日常工作中各项标准的落实和检查也不能放松。培训是为了使员工掌握技能和标准,而培训的最终目的是为了服务。员工的工作是否符合标准,检查、纠正和纠正措施的跟进,是服务能否提高和持续改进的关键。

15. 一副黑珍珠耳坠

◆ 案例

饭店总台的接待员正在忙着接待客人,为入住和离店的客人办理登记和结账手续。这时电话响起,接待员拿起电话,这是一个从江苏打来的长途电话。打电话的人说,他是昨天住在315房间的客人,昨天退房离开饭店的时候,将一对黑珍珠耳坠放在房间的保险箱内,走的时候忘了带走,回到江苏后才想起来。她想请服务员帮助取出来,并希望能够通过特快专递送过去。总台接待员快速的从电脑中查阅了客人的登记姓名和身份,与电话中说的相吻合。总台接待员说要去客房服务中心核对一下,请客人过一会儿再来电话。

住店客人离店时，客房服务中心的服务员要迅速检查房间。如发现有客人遗忘在房间内的物品，是要登记并想办法与客人联系，及时交还给客人或在饭店保存等待客人来取。因此总台的接待员放下客人的电话后，马上又把电话打到了客房服务中心，询问前一天 315 房间的客人离店时，服务员检查房间时有无发现客人放在保险箱内的耳坠。客房服务中心的服务员查看了一下查房记录，没有 315 房间客人遗留物品的记录，就答复总台说没有。

过了一会儿，江苏的客人又打来电话。总台接待员把从客房服务中心了解到的情况告诉了客人。但是客人肯定地说："耳坠就是放在房间的保险箱里了。那副黑珍珠耳坠虽然价值不是太高，但对于我来讲是有纪念意义的，对于我来讲是非常珍贵的，所以我把它放进了保险箱。对了，我把保险箱的密码告诉你，请你再去帮助我找一下。"

这次接待员来到客房服务中心，找到客房主管说明了情况以后，和主管一起来到 315 房间。315 房间在前一天江苏客人退房后还没有出租，保险箱还是锁着的。他们按照客人提供的密码，打开了保险箱。果然有一副黑珍珠耳坠放在里面。

主管找到前一天查房的服务员了解情况，原来是前一天服务员在检查 315 房间时，由于不够认真仔细，而没有检查保险箱。后来，饭店用特快专递将黑珍珠耳坠和一封致歉信给客人送回去。由于当天检查 315 房间的服务员没有严格执行工作标准，导致工作出了差错而受到了相应的处罚。饭店要求大家引以为戒。

评析

客人退房离店时，客房服务员检查房间，是饭店的工作程序。检查房间的主要目的有三个：首先是检查客人有无遗留物品；第二是检查客房的设施设备有无损坏，以及物品有无丢失；第三是检查客人有无在迷你酒吧消费。而在日常工作中，有些服务员为了避免自己承担责任，只是将注意力放在第二项和第三项上，对

于客人的遗留物品检查上却不够重视。

客房服务员在检查房间时，按照工作要求，应该去检查保险箱，以便保险箱内有客人遗忘的物品能及时地交还客人，若保险箱有损坏也能及时得到解决。虽然有时遇到走客退房的高峰，服务员检查房间的工作量会很大、时间很紧张，又不能让客人在前台等得很久。但不管怎样，这种事情的发生，完全是由于服务员的责任心不强，只考虑房间的设施设备是否有损坏和物品是否有丢失，避免自己对饭店的责任，而缺少对客人负责任的意识，导致查房过程中"偷工减料"，没有按照工作标准去做。

在这个案例中，客人在离开饭店后的第二天打来电话，总台的接待员和客房服务中心的主管一起到315房间去找到了耳坠。所幸的是前一位客人离店后，该房间还没有被出租。如果房间出租又住进了新的客人，事情就会更复杂。因为住进了新的客人后，服务员就不可能进入到客人房间打开保险箱检查。如果那样又会对新入住的客人造成侵害。

类似事情的发生，会使饭店的声誉受到很大的影响。因为客人的物品遗忘在饭店，服务员没有检查保险箱而没有发现，查房记录上没有关于客人遗留物品的记录。客人打电话询问，总台必然会告诉客人说没有。因此，在客人心中，也就必然会对饭店产生信任危机。所以饭店的管理者必须教育员工在工作中要严格按照各种工作程序和标准去做。这不仅反映出饭店的服务水平的高低，更反映了管理水平的高低。

从此案例还反映出该饭店在如何处理客人遗失物品的制度和方法上不够完善。正确的方法应当是：

1. 当接到已经离店的客人打来的电话后，应在最短的时间里给客人答复；如当时不能做出答复，应请客人留下联系电话。

2. 在查房记录上没有记录时，应马上与当班服务员及领班核实，并重新对房间及工作车、工作间进行检查确认（在饭店中，个别客房服务员有将在客房发现的客人遗留物品放到工作车上或工作间的“坏习惯”;也有服务员是将物品暂时放到工作车上,工作结束后,忘记交到客房服务中心的情况),然后,主动给客人打电话回复。

3. 如没有查到,应向客房部主管、经理汇报,并视事情进展情况通知饭店保卫部调查备案。

16. 为什么不为客人搞卫生

◆ 案例

一天上午,客房服务员小肖看到一间客房的门把手上挂着“请即打扫”的牌子,就走过去敲了敲门,客人在房间内把门打开。小肖向客人问过好,走进房间准备清扫房间。这时小肖看到客人在收拾行李,估计客人可能会在当天退房。小肖想,如果清扫完这间客房的卫生以后,客人用过后又退房了,自己不是又得多干一遍吗?为了确认客人是否退房,为了自己省一点事,小肖问客人:“先生,您今天是不是要退房?”客人说:“是。”小肖说:“既然今天您不住了,那等您走后我再为您清扫房间吧。”客人一听不高兴了:“我走了以后你再清扫,那怎么能说是为我清扫呢?我现在还没有退房,就是退房,我也把今天的房费付了。我今天要是退房,你就不给搞卫生啦?我为什么要把‘请即打扫’的牌子挂在门上?就是需要搞卫生,过一会儿有朋友来我房间说事,房间乱七八糟很不礼貌。你倒想等我退了房再搞卫生,那不是为我搞的卫生,你这是想让我赶紧走,是吧?”随后,客人气呼呼的找到大堂经理投诉。

● 评析

客房清扫工作是在饭店的对客服务中一项非常重要的内容。负责客房清扫工作的服务员是比较辛苦的。通常他们的工作量

大，而且要求细致认真。看似简单的劳动，但他们的一言一行，客房卫生质量的好坏，直接影响着饭店的服务质量，因为客房卫生质量是衡量饭店服务质量的重要标准之一。客房与饭店的其他部位不同，比如餐厅，客人只是在吃饭时才去；商品部，客人在买东西时才去。而客房是客人在饭店内停留时间最长的生活区域。因此客人对一家饭店的评价，往往是通过客房的服务和卫生做出的。

在清扫客房的工作中，为避免动乱客人的物品，以及为了尽可能少的打扰客人，此类房间在清扫时用时较少，因此客人入住期间客房的卫生也不便彻底清扫。在清扫走客房时，就要对客房进行彻底清扫。同时还要做一些计划卫生工作，使新入住的客人享用到合格的产品。因此，清扫走客房费时费力。

在客房清扫中还有一种情况，就是在住客房清扫完以后，客人在当天又退房离店了，这样同一间客房同一天就要清扫两次。作为靠为客人提供服务而生存的饭店，客人只要在饭店内就应享受应有的服务。可是，有个别服务员只为自己着想而不去为客人的感受着想。

在饭店的经营收入中，客房收入占了主要部分。客人对于一家饭店的评价，除去饭店的设备和装饰等硬件以外，主要是通过服务和卫生的好坏得出的。因此客房的服务和卫生工作是非常重要的。由于客房服务员的清扫工作大多是单独进行，他们一直是在默默无闻的工作着，所以客房服务员就更需要有较强的责任心。

为客人提供干净整洁舒适的客房，是客房服务员的职责。每一位住进饭店的客人，理应享受到应有的服务。服务又是饭店的生存之本、发展之本。

案例中的客人投诉，就是因为他没有享受到应有的服务。服务员在工作中想的不是客人而是想自己如何才能少干活儿、省力气。如果确认客人当天退房，就不为客人的房间搞卫生，等客人退房后再清扫。客人因为要会朋友，客人是要面子的，因此挂上“请即打扫”的牌子，请服务员清扫。服务员不但没有及时清扫，还问客人何时退房。客人如果连最基本的客房清洁卫生服务都得不到，那么客人还会回来吗？连最起码的服务都不能为客人提供，饭店还靠什么生存呢？饭店无法生存，那么员工呢？

服务员小肖的问话，让客人感觉是在轰他走，是对客人的不尊重。服务员跟客人接触应是以一种服务的姿态，讲话也是要使用服务语言的，同时还要注意技巧。客人住进饭店，应使客人享受到尽可能多而且好的服务，而案例中的小肖的做法，却是尽可能给客人提供少的服务、自己尽量少做工作。如果长此下去其结果是客人受损失、饭店受损失，自己也必将受到损失。

17. 客人的文件丢了

◆ 案例

住在 704 房间的客人李先生，找到楼层领班说：“我放在房间写字台上的一袋重要文件丢了。”领班向李先生问明了文件的特征后，就去查看李先生入住三天来的客房清扫记录，询问当天清扫卫生的服务员。

负责清扫 704 房间卫生的服务员讲：在清扫卫生时，没有见到李先生所说的文件袋，只是在两天前搞卫生时，看见散落在纸篓外面的几张信纸，认为是客人扔掉的而随垃圾一起倒掉了，并不是放在写字台上的。领班分析，那几张信纸可能就是客人所说的文件，就与处理垃圾的部门联系。但对方告知，两天前的垃圾已经处理掉了。

后来，大堂经理与客房部经理一起，代表饭店与客人接触沟通。首先向客人表示，对客人在住店期间的不愉快表示歉意。服务员将纸篓外面的东西误当作垃圾扔掉，是饭店在管理和对员工

的教育方面不够。如可能,愿意为客人进行适当的补偿或给予减免房费。

客人对饭店的答复并不满意。客人说丢的是一份非常重要的文件,关系到100万元的生意,还说那是花了20万元从有关部门内部雇人偷印出来的资料。他要求饭店至少要赔偿20万元。见客人提出了无理要求,大堂经理表示:饭店始终是站在服务的角度解决问题,如果提出过分的要求,那么饭店也有一些问题应该说明。第一,服务员扔掉地上的信纸是有一定责任的,但并不是像客人所说的是在文件袋内,而且还是放在写字台上。第二,若是如此重要的文件,应放在客房内为客人提供的保险箱内或者是寄存在总台的贵重物品保管箱内。第三,说文件是花20万元从有关部门内部“买”来的没有依据,并且窃取商业机密也属违法。那么这就不是在饭店能够解决的了,可是饭店可以配合客人到相关部门解决。

李先生见饭店方面说出的问题如此尖锐,无话可说。但是大堂经理在维护了饭店利益的同时,也给足了客人的面子,表示饭店的管理和服务员的工作还是存在问题,不管怎样还是给客人带来了麻烦,决定为客人减免部分房费。

评析

不管客人的对与错,饭店一方应站在服务的角度解决客人提出的问题,找出服务和管理中存在的不足,把对让给客人。但是对极少数有意“敲竹杠”的客人,要在不回避问题的前提下,维护饭店的利益。

此案例饭店方对客人报失非常重视,认真查看客房清扫记录,找到当班服务员了解情况,并积极与处理垃圾的部门联系。这是在维护客人的利益。

但,在必要时也要维护饭店的利益。在发觉客人有意敲诈的情况下,列举出了各种证据,如:客人所述与事实不符;既然是花

20万"买"来的重要文件,为什么不放在客房内供客人使用的保险箱;客人说文件是花钱从内部"买"来的无依据。

大堂经理在客人无言可答的情况下,没有穷追不舍、得理不让人。而是把对让给了客人,给足了客人面子。在客人面前,始终保持服务的面貌。

虽然客人所言与事实有出入,但服务员在操作中确实还是存在问题,因为服务员扔掉的信纸终究不是客人扔在纸篓里的。在日常的工作中,客人由于不注意而将物品掉到地上、开窗通风或是由于空调出风而吹到地上的情况也时有发生。遇到这种情况,服务员应拣起放在桌子上,等客人回来后确认再做处理或应交领班保存;而不应自己认为是客人不要了,私自把东西扔掉。饭店的管理者也应对员工加强教育。因此,这件事对于饭店的管理者和服务人员,都是应当吸取教训的。

18. 一百减一小于零

◆ 案例

北京某四星级饭店是一家老饭店,建筑设施比较陈旧,饭店的格局分布也有些落后,但在管理和服务方面,在同等级饭店中,还是比较有名气的。经常有北京和外地的一些饭店派人参观学习。

香港客人王小姐住进这家饭店,除了因为这家饭店距离她办事的地方比较近,没有其他的原因。但是在她入住饭店之后,从一进饭店大门,门童的礼貌,前台办理入住的快捷,客房服务的细致以及清洁卫生程度,让王小姐感觉到这是一家管理严格规范、服务热情周到、卫生令人放心的饭店。客房设施谈不上豪华,但对服务和卫生非常满意。从此,这家饭店成为了王小姐在北京的唯一选择。王小姐每次入住饭店,都是一大早出去,晚上回到饭

店，进入舒适整洁的客房。但是由于一次偶然，这家饭店失去了王小姐这样一位忠实的顾客。

一天早晨，王小姐像每天一样外出办事，因为忘记了带什么东西，在上午10点钟回饭店来取。当王小姐回到自己的房间时，见客房的门开着，服务员的工作车停放在房门口，王小姐知道是客房服务员正在清扫客房卫生。但是当王小姐进到房间，看到的却是令她吃惊的一幕：服务员正在卫生间的面盆龙头下洗刷茶杯。王小姐对服务员说："原来客人用过的杯子你们都是这样刷的。我一直以来对这家饭店的卫生是很放心的，我每天用的杯子也都是在这里刷出来的。"王小姐说完，由于着急取东西出去办事，便拿着自己要取的东西走出了房间。

下午，王小姐办完事后又回到了饭店，到客房收拾起自己的行李，来到总台办理了退房手续，住到别的饭店去了。从此，王小姐再也没有住过这家饭店。

其实这家饭店对茶饮具的洗刷、消毒有着严格的要求和标准。只因为个别服务员在操作中没有按照标准执行，使客人认为饭店所有的杯子都是这样洗刷的。

评析

王小姐第一次住在这家饭店，是因为看中了饭店的地理位置。后来一直住在这里，不是因为豪华的设施，而是通过饭店的服务、卫生而认为这是一家管理规范、舒适并令客人放心的饭店。

客人偶然回到饭店，看到服务员在卫生间刷杯子也是偶然。然而对于客人来讲，就不是偶然。客人的认识肯定就是像她当时说的："你们饭店的杯子都是这样刷的"。虽然在饭店当中，这只是个别服务员的个别行为，但客人是不会这么想的。由于这名服务员没有按工作标准操作，也抹杀了所有服务员平时所做的一切。客人用过的杯子不认真消毒，是对客人身体健康的不负责，是对饭店不负责。引伸一步的说法就是缺乏职业道德 。

在饭店的客房清扫和服务中，服务员必须将客人使用过的茶饮具，撤出房间统一拿到工作间，按照规定的标准和程序进行清洗和消毒，并使用专用口布擦拭干净后再送入客人的房间，或者是用事先准备好、已经清洗消毒过的茶饮具进行周转更换。

饭店的管理和对客服务，不允许有丝毫差错，正如这个例子王小姐只因为偶然看到了服务员刷杯子，就彻底改变了她对饭店的认识，在此之前的所有服务都前功尽弃。这也正是一百减一等于零的道理。

饭店失去了一位客人，这位客人可能再也不会住到这家饭店。这只因为一件事，使客人失去了对饭店的信任，但这对饭店来讲确实不是小事。难怪在住饭店的客人中，会有一些客人只使用自己带的杯子，而不用饭店的杯子，那是对饭店的杯子不放心。

王小姐住进这家饭店，除了因为这家饭店距离她办事的地方比较近、办事方便外，没有其他的原因。但是通过这件事，客人宁可办事不方便，也要舍近求远而离开这家饭店。这对我们饭店和员工是一种警示。

在当前竞争激烈的市场中，对于靠管理和服务生存的饭店和饭店从业人员来说，失去一位客人，就意味着失去一份信任、失去一份收入。重新开发获得一位新客户的费用，是保住一位老客户的5～6倍。王小姐是不来了，那她会不会跟别人讲呢？别人还敢来吗？由此看来，饭店失去的就不是一位王小姐了。这不仅仅是一百减一等于零，而是一百减一小于零。

19. 是谁的素质低

◆ 案例

由于住饭店的客人在行为习惯、文化层次、修养素质等各方面都有所不同，有的客房在客人用过以后，房间内仍然很整齐，垃

圾废物也不多。因此这样的房间清扫起来比较省时省力。而有的房间则比较脏乱，如：毛巾用完后扔到地上，枕头床罩扔到地上，瓜果皮扔到地毯上，烟头、烟灰扔在茶杯里、桌子上。像这样的房间，清扫起来费时费力，一间客房清扫干净至少需要 1 个小时的时间。

客房服务员小赵的工作是清扫客房卫生。当小赵遇到比较干净的房间时就高兴，干起来心情就好；而遇到比较脏乱的房间时，干起来就没精神，还爱发牢骚，嫌客人素质低，说客人不懂得尊重人的劳动。

这一天当小赵清扫完一间客房的卫生，打开 920 房间的门往里一看：好家伙，床上、地下，有用的、没用的东西扔得到处都是。屋里简直没有下脚的地方，小赵一看就够了，但是没办法也得干。一个多小时后，经小赵清扫的房间，彻底变了个样，干净整齐、物品齐全。东西该放哪儿的放哪儿，仅垃圾就收出了两大口袋。

第二天再次进到这个房间时，看到的还是和前一天一样。小赵手上一边干着，嘴里一边嘟囔着："这样的客人素质太差了，还配住这么高级的饭店呢。他在自己家里是不是也这样。"正嘟囔着，住在这个房间的客人从外面回来了，将小赵的话听了个一清二楚。客人冲着小赵说："我告诉你，我在家不这样，就是在饭店里这样。我花着钱呢。你是干什么的，你就是为我服务为我搞卫生的，你给我搞不干净还不行。"小赵和客人争执了起来。结果，客人到大堂投诉。

当客房部经理找到小赵谈话时，小赵还是觉得自己委屈，认为确实是客人的素质低而且还不讲理。经理说了一句话："每个人的素质是不一样。我们做服务工作面对的就是各种各样的客人，我们首先要有宾客意识。你说出了客人素质低，就说明你的职业素质低。"

● 评析

案例中的服务员缺少的是宾客意识。当服务员进入到客房，想到的只是自己清扫起来是否方便，是否省时省力，而没有想到客人。客人是花钱到饭店消费的。服务员无法要求客人如何做。

服务员的角色意识不够明确。服务员指责客人素质低，和客人发生争执；客人投诉后还觉得委屈，关键是没有摆正自己的位置。客人是来花钱的，是来给我们送钱的。在竞争激烈比拼服务的服务业市场，哪里的服务好，哪里就可以赢得更多的客人。因此，客人的消费，必然是要选择服务好的地方，而作为服务人员是不可能选择客人的。那么到底是谁的素质低呢？优秀的服务员应能为各种客人服务，能随时调整自己的心理和情绪，不管在什么情况下都能以愉快的心情投入工作。因此案例中的客房部经理说的是对的，只能说明服务员的职业素质低。

在服务中，服务员只有为客人服务的义务，没有教训和指责客人的权利。即使客人的性格和素质表现不同，在不违反法律法规、不损害饭店利益的前提下，也应把对让给客人。如果服务员“战胜”了客人，实际上意味着失败，实际上就是服务员水平低、素质低的表现。那样饭店将会失去这位“失败”的客人，“失败”的客人不可能再次光顾这里。

20. 把客人的中药给倒了

◆ 案例

小杨是一名客房服务员，他工作勤快认真，干活不惜力。他清扫房间速度快，卫生质量好。但是有一次只知用力干活，不注意用心琢磨服务的他，接到了客人的投诉。

这天，小杨清扫一间住客房的卫生时，他按照清扫工作程序，

敲门进入房间，按照先房间后浴室，先里后外，先上后下，从左到右，先边角后中间的顺序开始清扫工作。倒垃圾、做床、擦尘、检查设备、添补用品、更换茶饮具、吸尘、锁门，最后填写清扫记录。整个过程下来，完全是按照程序标准操作的。

可是晚上客人回来后，把电话打到了客房服务中心，说他上午出去时泡好的一杯中药晚上想喝的时候却发现没有了。原来在小杨清扫房间卫生时，桌子上有一个玻璃杯，那是客人出去时在杯子中泡好的中药，是准备晚上回来喝的。小杨在更换茶饮具时，看到盛有中药的杯子，认为那是客人喝剩下的茶水，想也没想就给倒掉了，随后换上了消过毒的干净杯子。

据这位客人讲，他每天早晨和晚上都要按时喝中药，需要提前泡好，可是由于服务员无意中给倒掉了，今天晚上就没有喝成，因为再现泡也来不及了。由于这种药比较贵，给客人造成了经济上的损失，而更重要的是因为没能按时吃药，对于客人治病的疗效也受到一定的影响。

评析

小杨虽然工作起来很卖力，踏踏实实、勤勤恳恳，但是应该明白，清扫客房卫生不是简单的体力劳动，而是在做“服务”。既然是服务，就应考虑到客人的因素。饭店管理水平的高低，服务质量的优劣，也不仅仅是把卫生做好。

服务员在清扫住客房和走客房时应该是有区别的。在清扫走客房时，除正常的清扫、检查设备、增补客用品外，还要注意有无客人遗忘或掉到床下及柜子后面的物品。而在清扫住客房时要注意的是服务员在操作时，在不动乱客人物品的前提下，使客人的物品尽量整齐。应注意的是不要将客人的小件物品掉到床下和柜子后面，不要使客人用时找不到自己的东西。如房间内有客人的文件资料等，不要整理，以免动乱。另外在工作中还要有较强的安全意识，注意观察客人放在房间内的贵重物品，以及有无违禁品和危险品。在整理茶饮具时则要分析判断哪些是客人还用的、哪些是不用的。因此在清扫住客房时，对于客人的物品，不能随意挪动位置，更不能自作主张不假思索地处理或扔掉。

有些客人习惯将零散的小件物品随手放在桌子边上、枕头底下等部位；还有的女宾习惯将首饰放在烟灰缸里，因此服务员在清扫房间卫生时要特别注意，以免由于自己的疏忽而给客人带来麻烦。

本案例就是由于服务员的疏忽，将客人杯子里的中药倒掉致使客人投诉。中药本身的价值是另一回事，关键是影响了客人吃药，给客人的生活和身体带来不便甚至痛苦。同时也对饭店的声誉造成影响，服务员自己也会因此受到批评处罚。

按照客房清洁的要求，服务员在清扫客房卫生时，要更换茶饮具，将客人用过的茶饮具从客房内撤出，换上经过消毒的干净饮具。但是服务员在操作时，有一些情况应该注意：杯子中有客人的中药；杯子中有客人自带的茶叶沏的茶水，并且还是热的；满杯的饮料；杯中泡有假牙或隐形眼镜的；没有盖的口杯或玻璃杯被其他东西盖上了。遇有上述情况，服务员不能将客人的杯子撤掉，以免给客人造成不便或损失。而应将一次性杯盖盖在杯子上，防止灰尘的落入。

服务员在工作中，在客人不在场而又不能做出判断的情况下，通常的做法是，不要把里面有东西的杯子撤掉，根据情况摆放在茶盘、吧台、写字台或茶几上，同时再将一套消过毒的杯子放在规定的位置。服务员应仔细区分各种情况，克服工作中马虎大意的不良习惯，并通过事例总结经验，吸取教训，养成细心负责的工作习惯。作为服务员更应懂得：做好服务工作不能只凭热情和力气，“服务无小事，事事须用心”。

有些饭店在客房的茶杯旁准备了提示牌，如客人杯内的茶水或其他饮品需要保留，将提示牌放在杯子上做为标记，服务员看到后就会为客人保留。客房内没有供客人做标记的东西，服务员

遇到这种情况很难做出准确的判断。所以,细微的服务须有细微和完善的管理措施支持,这个案例除了服务员应吸取的教训和总结的经验外,更应当引起饭店管理者的思考。

21. 卫生间地上的碎玻璃

◆ 案例

小王在清扫1510房间的卫生,按照先房间后浴室的清扫顺序清扫。清扫完房间,小王开始整理卫生间。就在清洁完卫生间后更换漱口杯时,小王一不小心将一个漱口杯掉在了卫生间的地上,一下摔得粉碎,碎玻璃片四下溅开。

小王蹲下身用手把地上的漱口杯碎片一片一片地捡起来,然后取来一个新的漱口杯放在了卫生间的台面上,关上门就继续清扫其他的房间去了。

晚上,客人回到了饭店,当客人洗完澡后,光着脚走出了浴盆。忽然觉得脚底下一阵刺疼,抬起脚一看,脚上流出了血。客人不明白是怎么回事,蹲下身看到地上有一块很小的玻璃碴儿。原来就是这块小玻璃碴儿扎破了客人的脚。这就是白天小王清扫卫生时摔碎的漱口杯碎片。当时小王只是用手将杯子碎片捡起来,可是杯子摔碎时碎片四溅,大一点的是捡起来了,而细小的碎片没有看到,事实上也不可能用手捡干净。晚上客人洗澡时光着脚在卫生间当然要把脚扎破。

结果是,饭店为客人看病,向客人慰问、道歉,减免房费。而且客人还提出,视脚的恢复情况,保留进一步追究饭店其他责任的权利。

● 评析

玻璃杯掉在地上摔碎,小王将碎片捡起来。但是一些细小的碎片是不易看到的。客人在洗澡时，如果光脚站在地上，必然会把脚扎破。服务员在工作中应尽可能的专心，减少工作中的失误。如果服务员在工作中不小心把玻璃杯掉到地上，正确的做法应当是：先用手把较大块的玻璃碎片捡起来，之后用笤帚将细小的碎片扫起，最后要用吸尘器将不能捡起和没有扫净的更细小的碎玻璃渣吸走，要反复吸。需要注意的是，在捡玻璃碎片的时候不要把自己的手扎破，也不要用擦布擦地上的碎玻璃渣，因为这样会使碎玻璃渣沾在擦布上，在洗涤时还会沾到别的擦布上。

小王在工作中的不细致，致使客人受到伤害，饭店要为客人看病和道歉，还要减免房费，给饭店带来了损失。而更重要的是给客人的身体造成了伤害。客人在受了外伤后，会有可能发生感染。同时也会耽误了客人的时间，影响客人的正常活动。所以，客人提出保留追究饭店其他责任的权利。

就是因为摔了一个杯子，客人受到了伤害，耽误了时间，也给饭店带来了麻烦，饭店的声誉会受到影响。本案例给饭店从业人员带来的教训是：服务工作必须要做到一丝不苟，绝不能有半点马虎，尽最大努力消除一切隐患。同时，饭店的管理者应加强对员工的培训，使服务员有一定的问题意识，对可能发生的问题有一定的预见性，把可能发生的事想在前面。这样就会不发生问题或者减少发生问题；若一旦发生问题也能得到及时有效的处理和控制。

22. 从对自己负责谈起

◆ 案例

客房部发生了一起领班违纪事件。

以商务客人为主要客源的饭店，一般是在星期一至星期五客人比较多，客房的出租率也相对较高。往往是一批客人刚刚退

房，另一批客人就到店了。在这期间服务员的工作就比较紧张。而到了周末，来饭店的客人就少了一些，因此服务员的工作在周末也是比较轻松的。

这是一个星期天。饭店住的客人不算多，空房不少，当天到店的客人可以随时入住。客房部的楼层领班小吴在不慌不忙地检查着服务员清扫过的房间。当小吴走到1720房间门口的时候，发现房间的门虚掩着没有关好。小吴想：这个房间是走客房，是服务员清扫完卫生没有把门关好还是又住进客人了呢？小吴走过去后听到房间里有电视的声音，心想可能是客人在房间。就想提醒客人为了安全把房门关好。小吴敲了敲门，电视的声音没有了，这时一名服务员从房间里面走了出来。小吴问服务员在房间内干什么呢？服务员不好意思的说看拳击呢。这时小吴也想起来了，今天中午有一场美国职业拳王拳击争霸赛要进行电视实况转播。他便走进了房间，重新打开电视机，和服务员一起坐到椅子上看起了拳击比赛。

恰巧这时值班的一位饭店领导到楼层巡视从这里经过，也是看到1720房间的门开着，正好看到了小吴和一名服务员在房间内看电视。

第二天，客房领班小吴在工作时间与一名员工在客房内看电视的事，在店务会上进行了通报。领班身为管理人员在工作中对员工的违纪现象不加制止，反而和员工一起违纪，属于管理问题。饭店对此做出了严肃处理，由于这起违纪事件的出现是因客房部在节假日管理松懈所致，客房部经理也受到了饭店处理。小吴由于不能起到管理人员的作用，被免去了领班职务。

这起违纪事件的发生和处理，在员工中引起了较大的反响。客房部对此事极为重视，组织部门全体领班以上的管理人员进行讨论。在会上，大家分析了为什么会发生领班违纪事件，以及作为管理人员应如何做，从中吸取什么教训。

评析

让我们对这件事从以下几个方面进行分析。

第一、这名领班没有把自己当作一名管理人员，没有起到一名领班应发挥的作用。发现员工违纪不但没有管，反而和员工一起违纪，可见员工也没有把他当成领班，没有把他当成管理者。因此，这样的领班也就不能再在管理者的岗位上工作了。

第二、作为领班，一个班组的员工由他管一层楼的工作交给他，他这样做怎么能让员工服气；怎么能令上级放心？他无论是在上级还是下级心中，都不会有信任可言。

第三、一个企业的每一名员工都应做到对企业负责，对自己所做的工作有一种责任感，这样企业才可能发展，自己也才有发展的空间。做为一名管理人员，比普通员工的权力大，而这权力是我们所在的职务和岗位赋予的。更重要的是，肩上的责任重了，看问题和做事都要站在一个较高的层次上。对企业忠诚、对企业负责是一名管理人员应有的基本素质。作为管理人员，不但要做到对企业负责，还要做到对下级负责。如果不提对企业负责和对下级负责，是不是应该对自己负责呢？一个企业的员工，不管是哪一级人员，首先要做到对企业忠诚，对得起领导对自己的信任，充分行使自己的权力做好自己的工作，维护饭店的各种规章制度。而不能在工作中利用自己的权力，做违反饭店规定的事情。作为管理人员，忘了自己的责任，连对自己负责都不能做到，还能对谁负责呢？

通过对这次领班违纪事件的处理和讨论，对客房部的所有管理人员敲了一个警钟，从中吸取一些教训。作为管理人员，每个人的工作能力是不同的，能力是可以锻炼的，但管理人员违反纪律的现象是绝对不允许的。这样处理对员工也有了一个交代，规章制度人人都要遵守，领班不称职，他就没有资格管别人。

另外，员工违纪发生在周末及节假日是与在这期间客人少、

管理者少也有一定的关系。这说明客房部在这方面存在管理上的漏洞。小吴的违纪是在饭店的值班领导巡视检查中发现的，可是作为每天都有值班管理人员值班的客房部是否他们随时在巡视检查呢？这种漏洞现象在不少饭店都存在，应引起管理者的重视。

23. 忘了自己的角色

◆ 案例

饭店是服务行业，在前台、客房、餐厅、康乐等岗位工作的人员，都是服务员。但由于这些部门所处区域不同，服务功能不同，满足客人需求的内容也就不同。服务员应了解这些不同岗位的特点，以便采用不同的对客服务方式。不管是哪一个岗位，采用什么样的服务方式都要始终明确自己所扮演的角色和与客人的关系。服务员与客人的关系是服务与被服务的关系。

众所周知，年纪轻、性格外向的服务员适合在饭店的前台和餐厅岗位工作。某饭店招进了一批新员工补充到一线岗位，对各部门原岗位部分年龄稍大的员工的岗位也进行了调整。原来在餐厅工作的服务员王师傅调到了客房服务员的岗位。王师傅性格外向、善于与人交流、服务热情。无论在什么时候，她遇到客人总是主动打招呼问好。在清扫客房卫生时，如果遇到客人在房间，她也主动与客人交谈。

一天，客房领班正在对服务员清扫过的客房逐间检查。在楼道里快要走到550房间时，王师傅的说话声从房间里传了出来。领班听到王师傅对住在550房间的客人说："你住在我们这里，如果有什么不方便的地方，需要我帮助，你就跟我说一声。我比你大，我就是你姐姐，你就是我妹妹，别客气。我把我的电话号码留给你，有事你就打电话。"这时，领班已走到了550房间门口，从开着的房门看到王师傅正与客人一起坐在沙发上聊天。

看到领班从门外走过，王师傅站起身走出了房间，临出门时还对客人说："再见，有事给我打电话。"

事后，领班找到王师傅谈话，告诉王师傅：服务中主动热情、对客人表示关心都是对的，但是要注意尺度，要分清客人与服务员的角色。领班对王师傅与客人拉私人关系，在工作中坐在客房的沙发上与客人聊天的错误行为，进行了严厉的批评。

● 评析

客房是宾客的生活区域、私人空间，在环境布置、服务方式上与餐厅、娱乐区域有着明显的不同。客房应使客人有安静、舒适、放松、随意的感觉。因此，服务员在工作时除正常的礼节外，应尽可能少地打扰客人。服务员在客人生活区域内工作，在做到服务主动、热情、礼貌的同时，应考虑到客人的隐私空间。特别是清扫客房卫生，客人在房间时，客人的个人用品大多暴露在服务员面前。因此服务员在操作时不应与客人有过多的交流，避免客人的尴尬。

服务应该体现主动、热情，遇有客人生病或身体不适应应主动表示关心，使客人有宾至如归的感觉，但这都应当是以服务的面貌出现的。服务人员要有明确的角色意识、宾客意识。人与人之间存在着双重关系：一方面是人们所充当的社会角色之间的关系；另一方面是充当这些角色的人之间的关系。所以就社会角色而言，服务员与客人之间就存在着服务与被服务的关系。服务是服务员的职业，客人是消费者，服务员是为客人提供服务的。

案例中的服务员王师傅坐在客房的沙发上与客人"平起平坐"，显然是没有认识到自己与客人的关系，没有摆正自己的位置，而"热情"地与客人称姐妹，给客人留电话号码，还因为自己年龄大，不使用敬语，与客人以"你"相称，严重违反了饭店的纪律。这种现象是不应该在"管理严格"、正规的星级饭店出现的。客房

部应加强相应的培训工作。客房服务员在工作时间能够轻松随意地与客人聊天还说明客房的管理者在员工的工作量上也存在不合理的因素。

24. VIP 房间床底下的拖鞋

◆ 案例

九楼是饭店客房行政楼层，主要接待一些重要的商务客人和身份较高的 VIP 客人。行政楼层从概念上讲，就是在服务和设施上高出饭店本身一个星级的楼层。行政楼层从设施、服务和卫生等方面代表着一家饭店的最高水平。所以行政楼层的领班，一般是客房部的领班中业务水平、工作能力和工作责任心最强的领班。行政楼层的服务人员在工作技能、服务知识等基本素质上也都是从客房部的服务员中挑选出来的。

按照工作要求，在接到《VIP 客人到店通知单》后，楼层领班首先要安排服务员将客人所订的房间再次做彻底的清扫，对房间所有的设备和用品进行检查。然后领班检查，主管检查。另外根据客人等级的不同，客房部经理对准备的房间检查或抽查。

这天，行政楼层的领班小刘接到了一张《VIP 客人到店通知单》，将有一位重要客人入住行政层的 905 房间。小刘安排一名服务员，按照通知单上的房间号和要求准备房间。由于所安排的服务员业务很熟练，工作态度和责任心都很强，平时的接待从没发生过什么问题，她准备的房间小刘绝对放心。这天行政楼层住的客人比较多，下午还要参加培训，在时间上很紧张，所以小刘就没有对准备好的房间进行再次检查。

因为这次接待的 VIP 客人非常重要，所以下午开完会以后，饭店的领导在客房部经理的陪同下，来到九楼检查 905 房间的准备情况。房间的设备、用品都没有什么问题，卫生也没发现问题。

当饭店领导检查床底下的时候，看到床下有一只穿过的一次性拖鞋没有清理出去。这在其他客房也是不允许的，更不要说是行政楼层及其 VIP 房间。

因为清扫和准备 VIP 房间不认真，服务员被扣发半个月的奖金。领班小刘没有按照工作程序对准备的房间进行检查属于失职，受到严厉批评并被扣掉了一个月的奖金。

评析

在为 VIP 客人准备的房间床底下发现了一只拖鞋，出现这样的问题，如果要落实责任，首先是行政楼层的服务员没有检查床下造成。而最终问题的出现，领班是应负主要责任的。

楼层领班的主要工作就是对服务员清扫过的房间进行检查。检查的目的就是及时发现并解决服务员工作存在的问题，防止将不合格产品出售给客人。这是作为一名领班的职责。可是在本案例中，如果饭店领导没来检查，这不合格的客房就很可能被客人入住。因此说领班和服务员来不得半点马虎，在行政层、对 VIP 客人就更要细上加细。

问题出现的内在原因是思想上的麻痹和松懈，对自己要求的放松，这在服务员和领班身上都存在。服务员的服务技能和业务好，接待的都是重要客人，时间长了就放松了对每一次任务的重视。领班因为工作忙，还因为员工平时工作较好没有出现过问题，就放松了要求，不对准备的每一个房间仔细检查，导致问题出现而没有起到把关的作用。

一般饭店行政楼层因为接待客人的层次较高，领班和服务员的业务水平也较高，因此他们的收入或者奖金也相应的比其他楼层的人员偏高。而正因为这些，管理者对他们以及对他们自己的要求也应该更高，不能因为业务好、平时没出什么问题就放松了标准和要求。因此，行政楼层的工作岗位也不应是固定不变的，应根据员工的工作表现和实际情况进行必要的调整，其他楼层表

现好的员工要根据实际情况充实到重要岗位，这样对大多数员工也是一种促进和激励。

无论是管理者还是服务员，对待服务工作就是要有时时认真、事事重视、处处严谨的工作态度。

25. 这就是职业道德

◆ 案例

寒冷的冬天过去了，随着天气的逐渐变暖，饭店业也进入了经营的旺季。由于饭店的销售工作做得比较得力，饭店连续地接待了几个较大的系列团队，较高的客房出租率已经持续了一段时间。

因为旅游团队的住房基本上都是客房“双开”（每间客房住两位客人），因此客房服务员的工作量也明显加大，特别是前一个团队离店与后一个团队入住的时候，工作更是紧张。

因为客人退房离店后，客房要进行彻底清扫，做起来比客人入住期间要费时费力。系列团、前后团衔接很紧，前边的团队上午刚刚离店，后边的团队中午就要入住。所以要求客房服务员操作起来既要速度快，在很短的时间内，保证新到店的团队能够顺利入住，同时也必须要保证客房的卫生质量合格、物品齐全、设施设备完好有效，这在饭店业内叫做“抢房”。

但是，最近客房部经理在棉织品洗涤和费用统计中发现了一些不正常的情况——床单、枕套、毛巾的报损量有明显增加，而抹布的领用和洗涤数量却比以前有所下降，与近期的客房出租率及客房清扫量不匹配。为什么抹布的领用和洗涤数量不升反降呢？

客房部经理思考起来：莫不是服务员在做客房清扫时……？恰在这时，经理的电话响了起来，电话是大堂副理打过来的，说有两位刚到店的团队客人投诉。

原来投诉的是中午刚刚到店的团队客人。上午离店团队的空房大部分已经清洁完毕，多数客人已经入住。但是还有少数客人的房间没有“抢”完，客人还不能及时入住。在大堂副理向客人解释后，得到了客人的谅解。客人答应可以先去用餐，但是要把行李放入到房间。客人上到楼层，来到自己的房间门口，客房门开着，服务员正在清洁房间。但房间内及服务员的工作状况，令客人吃了一惊。

房间内，一名服务员正在做床，撤下来的床单、枕套和毛毯就扔在地上。服务员操作时，就在床单和毛毯上走来走去。卫生间内还有一名服务员正在使客人用过的毛巾擦地面。

客人在房间门口站了一会儿，什么都没说就来到了大堂，向大堂副理投诉：“你们饭店服务员的职业道德太差了，表面看起来干净整洁的饭店，原来就是这样……我们哪里还敢住。”

评析

职业道德，是从事一定职业的人们，在职业生活中所应遵循的道德规范，以及与之相适应的道德观念、道德情操和道德品质等。简而言之，职业道德就是具有自身职业特征的道德准则和规范。在职业实践中，它规范人们应该做什么，不应该做什么；应该怎么做，不应该怎么做。而社会公德是旅游职业道德的前提和基础。它是在一定社会生活中，为维护正常的生活秩序，要求旅游从业人员共同遵守的一些最简单、最起码的公共生活准则。

在案例中，客人投诉说“服务员职业道德太差了”，作为服务员可能听起来不舒服，其实这样说一点儿也不过分。饭店中有个别服务员在工作中，为了图快、图省事，经常会做一些不应该做的事情。如案例中的服务员把撤下的床单扔到地上、用毛巾擦地；还有客人用过的茶、饮具不是更换成清洗消毒过的，而是在卫生间就地洗刷，用毛巾擦拭；抹布混用，不按清洁部位区分；擦杯子时用嘴哈气等等。自己是省事了，可饭店的牌子砸了。

那么，如何才能杜绝这种缺乏职业道德的事情发生呢？各级管理者应该负起责任。

第一、加强对员工的职业道德教育。对服务员的培训，不应只停留在服务技能方面，职业道德教育应是对员工培训的第一课。而且还要不断的讲，使员工明白职业道德的涵义，知道什么是"应该"与"不应该"，并使员工养成良好习惯。同时还要求员工进行换位思考，如果我们在住饭店时看到这种现象做何感想？即使我们没看到，我们自己"敢"用饭店客房的东西吗？

第二、建立健全管理制度。客房卫生清扫工作，是有工作程序和标准的，在对员工进行培训的时候就应当使员工清楚，什么是应该做的，什么是不应该做的。

比如，客人用过的床单、毛巾等棉织品，一律不得放到地上，而是应当放到行李柜上、椅子上或者是直接放到工作车的布草袋中；不得把客用毛巾当作抹布使用；茶具、饮具一律不得在客房内刷洗，要统一清洗、消毒；抹布要区分使用并有明显标记，擦房间家具的、擦镜子、擦龙头的、擦浴缸的、擦恭桶的和擦地面的要必须分别使用。另外就是要有相应的奖惩制度。

第三、加强监督检查力度。除了要求服务员按照工作程序和标准进行操作，管理人员的走动管理、对工作现场的监督检查是质量控制的必要措施。在客房工作质量控制上要坚持执行领班专职全面检查、主管分段检查、经理抽查的原则。一方面检查服务员的工作质量，另一方面是对服务操作过程的检查，同时还要随时了解棉织品的洗涤和报损情况。

第四、增强业务知识和技能。领班在日常的工作检查中，要注意总结经验，不断增强专业知识。比如可以通过感官、气味、色泽、手感、脚感等方法，判断出服务员在操作中采用的方法是否正确；还可以通过清洁剂的消耗量、操作工具的使用程度来作出正确的判断。

当然，制度、检查方法等措施，都是保证服务员工作质量的辅助方法，而最根本的是服务员职业道德意识的增强，在日常的服务中，本着对客人负责，对自己负责，对饭店负责的态度。

26. 服务员为什么不知道客人已经换房

◆ 案例

在某饭店客房部，一位客房服务员正在整理前一天才入住的一位客人的房间。比如在整理的过程中服务员发现房间内没有客人的行李，卫生间也不见客人的其他个人物品，他感到有些奇怪。经过仔细查找，只在床头的枕头下发现了客人的几件衬衣。服务员对此情景感到疑惑，先把房间情况在工作单上做了详细记录，注明时间及房间内的情况。然后马上打电话到客房服务中心查询，询问此房间的客人是否已经退房，并将房间内的情况向领班做了汇报。

过了一会儿，客房服务中心的值班文员告之此房间的客人在今天早晨换房到了其他楼层，此房间已经退掉，房间枕头下的衬衣就是这位客人的。随后服务员将衬衣送到了客人调换后的房间，这时客人还没有发觉丢失了衣物。客人领回自己遗留的衣物，十分感谢，连声夸奖服务员细心负责的工作态度，避免了他的损失。

● 评析

入住酒店的客人，常会因故调换房间。由于客人不是退房离店，所以客人收拾自己的物品时就容易粗心大意，遗留一些物品，尤其是一些不是立即需要使用的物品，往往到了使用的时候才发觉。此案例中的客人就是这样。

当客人调换房间后，房间经过整理，就可以再次出租给新到店的客人。若换房客人遗留的物品未被服务员发现，而入住了新房

客，那么原住客一旦发现自己丢了物品在原房间，再回去寻找时，那就麻烦了。如果是价值比较高的物品，就会发生两房客物品的混淆，再从入住新房客的房中取回原房客的物品，那可就不是简单的事了，需要很好的与新房客协商、解释，还要原房客自己讲清物证。弄不好，会引起纠纷，有可能成为一个十分棘手的问题。

而如果遗忘的物品是像本案例中的衬衣以及一些生活用品，将是对新入住客人的不尊重，会引起新入住客人的误解或者不满，甚至导致客人投诉。

所以，服务员在整理房间时，一定要认真仔细，清扫整理每一个角落的同时，善于发现问题。一旦发现客人遗留物品，必须立即清点向领班汇报，并将物品上交至客房服务中心妥善保管，及时送还给客人。同时当事服务员应在工作单上详细记录。这是处理转房客人遗留物品的规范程序。

其实本案例发生的最根本的原因是出在检查房间的服务员身上。因为不论是客人退房离店，还是入住后调换房间，总台必定会通知客房服务中心，并由服务中心文员派服务员检查房间。而床头枕头下的衬衣，恰恰是由于检查房间的服务员因客人换房而不是退房离店，检查时不够认真而没有发现。

从饭店和服务的角度分析此案例，客人换房收拾东西时忘记了枕头下的衬衣并不奇怪，关键是检查房间的服务员没有尽到职责。倒是整理房间卫生的服务员工作认真仔细，及时发现问题，避免了其他事情的发生。当服务员为客人送回衬衣时，听到客人的感谢，作为高水平的饭店应该是不舒服的，因为这件事本不应该发生。

27. 电脑修好了有什么用

◆ 案例

在住饭店的客人当中，经常会有一些物品损坏或发生故障的

情况，如照相机、手表、手提箱、皮鞋、衣物等。有些价值不高的用品，客人就会扔掉。而有些价值较高或对于客人本身很重要的物品，有的客人会带回去修理，也有些客人会请饭店的服务人员帮助或委托修理。

一位外地宾客到北京办事，住在某四星级饭店。在住饭店期间，这位客人的笔记本电脑发生了故障，于是找到客房服务员，请服务员帮助联系修理。服务员将此事向领班做了汇报，领班又找到客房服务中心主管。

由于饭店本身不具备修理电脑的条件，经过努力，服务中心找到了饭店外面的一家电脑修理部。服务中心将联系的情况告诉了客人。客人同意委托服务员将笔记本电脑送到外面修理，修理费用也基本认可。服务员将笔记本电脑的品牌、型号、故障原因等内容记录下来，送到了修理部。

过了两天，客人找到客房服务中心，询问电脑是否已经修理好。服务员答复客人说：笔记本电脑要再过两天才能取回。客人说他等不了两天了，因为他明天就要离开饭店。

客房服务中心派服务员到电脑修理部了解笔记本电脑的维修情况，结果，电脑还没有修理完。由于客人将要离店，服务员没办法，只得将没有修理好的笔记本电脑取回，交还给客人。客人拿到电脑后有些无奈，也不知是应该感谢服务员还是应该责备。

评析

此案例中的服务员为了解决客人的困难，忙活了半天，客人也对服务员寄予了希望，结果是服务员白忙活，耽误了客人的时间，还没能用上修理好的笔记本电脑。

在日常的客房服务中，经常会遇到客人需要服务员帮助代为修理物品的事情，所修物品包括皮箱、皮鞋、衣服、照相机等各种物品。服务员应尽最大努力为客人提供帮助，满足客人的需要。这是在高星级饭店中应有的服务项目，因此这也是服务员分内的

事。但是在提供代客修理的服务中应注意以下问题。

(1)接受客人的物品时,当面查清物品损坏的部位和程度。

(2)问清客人需送回物品的时间。

(3)记清物品的型号、特征以及所修理的项目。

(4)根据物品的损坏程度和客人的要求,在将物品送交修理部门时,要问清能否按时修好,如不能,应及时与客人联系,征求客人的意见。

(5)所有交接过程要有交接手续并签字。

(6)物品修好取回时,要当面验收。在送交客人时,还要请客人当面验收。

(7)服务员对上述所有内容都要认真记录,不要随意拆卸和使用客人的物品。

综上所述,此案例中最重要的因素是,服务员没有问清楚客人须送还物品的时间。

看来要做好服务工作,使客人满意,仅有热情、付出了劳动,还是不够的。还要做到细致、考虑周到,使自己的服务成为有效服务,劳动成为有效劳动。

28. 客人的小孩不同于自己的小孩

◆ 案例

每个人都知道,带着婴幼儿外出,是件很麻烦的事情。但是每个人都会有自己的具体情况,在饭店接待服务中,会经常遇到带小孩儿的客人。而带小孩儿的客人当中,除去有外出旅游、走亲访友的,还有一些是由于各种原因带着小孩儿参加一些会议及公务活动的客人。

为使带婴幼儿外出的客人不因小孩儿的拖累而影响其公务活动和产生不必要的麻烦,很多饭店都有为客人提供托婴服务的项目，饭店会根据小孩儿托管时间的长短和小孩儿数量的多少，而收取一定的服务费用。

这天，一位香港客人，找到客房服务中心主管，说她来北京参加一个重要的专业会议，而自己的小孩儿还处在哺乳期，不能把小孩儿放在家里，因此她不得不带着小孩儿来参加会议。明天她要出席一个签字仪式，不能带着小孩儿参加，所以她希望饭店明天能帮助照看半天小孩儿。看到客人着急的样子，服务中心的主管答应了客人的要求。

主管安排服务员小刘完成替客人照看小孩儿的任务。香港客人在离开前，将小孩儿的具体情况向小刘一一做了交待：什么时间哄小孩儿睡觉，什么时间喝水、喝什么水等等。

小刘是一个很有工作热情的服务员，也非常喜欢小孩儿。客人出去参加签字仪式了，小刘推车带着小孩儿在楼层、到大厅玩耍，还给小孩儿买来饮料……，高高兴兴地玩了一个下午。

晚上客人回来了，见到自己的孩子非常高兴，向服务员表示了感谢。

第二天，客人找到了主管，虽然不是投诉，但是向主管表示了不满。原因是：服务员没有按照她的要求照看小孩儿，下午该睡觉时没睡觉、不该吃东西的时候给喝了很多饮料。结果造成孩子该吃的时候不吃，不该睡觉的时候睡觉。孩子的饮食起居规律全打乱了。

评析

为了方便带婴幼儿的住店客人外出，许多高星级饭店都为客人提供婴幼儿的托管服务。但这项服务有一定的风险，因此，对婴幼儿看护的服务员要求较高。

看护服务员必须有高度的责任心，能够严格按照客人的吩咐照料婴幼儿。

当有客人要求饭店为其托管婴幼儿时，应请客人到客房服务

中心办理相关手续。首先应了解清楚婴幼儿的数量和年龄、性别和要求托管时间。一般情况下，饭店应使客人知道，要求托管婴幼儿需提前预约，以便饭店为其安排保姆，同时应将托管婴幼儿的具体要求和收费标准告知客人。

婴幼儿的看护人员，主要是从客房服务员中挑选。有些饭店也会与家政服务中心签定合作协议，由家政服务中心提供保姆。对保姆的挑选一定要严格，需诚实、可靠、责任心强、有耐心并要有一定的保育知识。从服务员中挑选保姆，应安排服务员占用业余时间，不能利用工作时间。

照看小孩儿时，一定要按客人的要求去做，不要随意拿食物给小孩儿吃。一般情况下未经客人同意不可将小孩儿带出饭店，不得带小孩儿去游泳池等有危险的地方玩耍，确保小孩儿的安全。不可委托他人照看小孩儿，在照看过程中不得擅离职守。如客人在约定的时间内没有回来，保姆应照看小孩儿至客人归来。如超过时间过多，应增加服务费。在照看期间，小孩儿突发疾病，应立即向上级汇报。

为客人代为看护小孩儿，不同于自己的小孩儿，只要小孩儿高兴、只要自己喜欢，想怎么样就怎么样。托婴服务是一项责任重大的工作，服务员照看的是客人的小孩儿，绝不可掉以轻心。只有保证被托管的婴幼儿的安全、健康和愉快，饭店的托婴服务才有可能使客人满意，解除客人的后顾之忧。

第二篇

安全篇

29. 应不应该帮忙

◆案例

客房服务员小高和小袁是平日里要好的同事，两个人的工作都是客房清扫。小高干活儿手快，下午两点多，小高负责的房间已经全部清扫完了。小高来到小袁工作的区域，见小袁还在清扫客房卫生，小高说："怎么还没干完，我帮你干吧。"小袁同意了，俩人一起搞起了 642 房间的卫生。两个人干活就是快，不一会儿几间客房就清扫完了。

第二天，642 房间的客人向饭店保卫部报失，说放在房间衣服兜里的钱丢了。于是，保卫部对此事进行了调查。保卫人员从服务员的工作记录单中查到，前一天 642 房间的卫生是由小袁清扫的。

保卫部经理在向小袁了解情况的时候，小袁说，642 房间的卫生是和小高一起清扫的。保卫部经理找到小高，小高又说是小袁清扫的，自己只是帮了她一把。

小袁和小高都被列为重点调查对象。

后来客人的钱找到了，原来是客人自己忘记了把钱放在哪儿了。小袁和小高虽然在客人丢钱的问题上都落得了清白，但是因为违反工作纪律，都受到了店规、店纪的处罚。

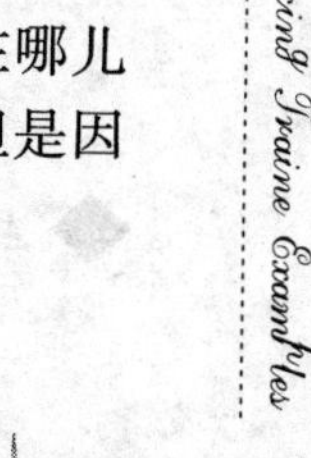

评析

案例中的两位服务员存在以下问题：

一、小袁和小高都违反了工作纪律。小高离开自己的工作区域，到别人的工作区域，这就是串岗。而小袁对于小高进入自己所负责区域的客房，并没有阻止。作为清扫客房卫生的服务员，每个人是有固定的工作量和责任区域的。小高干完了自己的工作，应当去搞一些计划卫生，或者汇报领班，由领班安排其他工作。

二、两人都缺少责任意识，出了问题互相推诿。小袁说是小高帮助搞的卫生；小高说是小袁负责的房间。各人有各人的工作，各人有各人的工作定额和区域的划分。这不仅仅是安全责任的问题，也是工作质量和责任确定的问题。

三、领班的管理存在问题。对于工作中违反纪律的现象，领班应能及时发现并处理，因为客房领班的工作形式就是走动式管理和检查。员工串岗也反应出平时的管理和要求不够严格。

四、员工自我保护意识差。小高串岗进入其他客房，客人报失，保卫部必然会把小高列为调查对象。不在自己的岗位工作，跑到别人的岗位并进入客房，不被怀疑才怪呢。而小袁对于小高的串岗未加阻止。客人是第二天报的失，如果过去一段时间，小袁记不起是谁进过房间，从工作记录反应的就是小袁搞的卫生，要是真的出了问题，小袁浑身是嘴也说不清。因此，按要求、按标准工作，严格执行各项规定，实际也会起到自我保护的作用。

30. 工作中的自我保护

案例

一天晚上，一位客人找到大堂经理报失。客人说他下午离开

饭店的时候，把摄像机放在房间的桌子上，晚上回到饭店后，发现房间里的摄像机没有了。客人认为是被服务员拿走了。大堂经理觉得事情重大，遂将此事报告了饭店保卫部。保卫部经理向负责晚间开夜床的客房服务员了解情况，并检查了当晚的开夜床记录。从工作记录上显示出，服务员填写的开夜床时间，正是报失客人外出的时间。

当保卫部经理向这位服务员了解情况的时候，问服务员进房间开夜床时有没有看到桌子上的摄像机。这位服务员一会儿说有，一会儿说没有，一会儿又说没注意，最后又说根本没进过这间房开夜床，前后矛盾。于是，这名服务员成为被怀疑的对象，保卫部对其展开了重点调查。

保卫部在向服务员了解情况的同时，通过电脑，读取出客房磁卡锁的记忆数据，从电脑记忆数据中可显示出服务员的磁卡是否打开过门锁，什么时间打开的，即服务员在当晚是否进入过这个房间。然而电脑记忆数据却没有显示服务员进过房间的记录。这说明服务员在客人外出期间并没有进过这个房间。除了读取磁卡锁的记忆数据，保卫部还查看了电视监控录像。从录像中看到客人下午从客房出去时，摄像机是在身上背着的。而晚上从外面回来时，没有看到身上有摄像机。说明客人将摄像机带到了饭店外，而没有放在房间，也就是说，客人的摄象机是丢在了饭店外面。至此，对那名服务员的怀疑被排除了。

现代化的设备使服务员免受不白之冤。但是却由此暴露出服务员没有按照要求工作，根本没有为客人做过开夜床服务，却在工作中弄虚作假，不按要求填写工作记录，而受到了纪律的处罚。

评析

此案例旨在说明，服务员在工作中应严格执行工作标准，认真填写工作记录，同时提高工作中的自我保护意识。

客人在饭店报失，时间段是下午到晚上。保卫部首先会向负责晚间开夜床的服务员了解其工作情况，查看工作记录。工作记录应真实地反映出服务员所进的房间号和进出时间。从工作记录上显示该服务员是在客人外出期间，进入客人的房间开夜床。而事实上并没有为客人开过夜床；在工作上投机取巧，工作记录与实际工作情况不符。服务员因为没有按要求开夜床，填写虚假的工作记录、弄虚作假而受到了处罚。但是幸亏有先进的电子磁卡锁和电视监控录像作证，才使服务员获得了清白。

服务员没有按照实际情况填写工作记录。这一方面是没有执行工作标准的问题：在工作中弄虚作假，这样即是在坑客人，也是在坑饭店。客人根本没有得到应该有的服务项目，长此下去饭店的服务项目形同虚设，服务质量和水平也必然下降；而另一方面是服务员缺乏自我保护意识的表现，因为工作记录是了解服务员工作情况的依据。如果案例中的服务员如实填写记录，回答问题也就不会吞吞吐吐、说话前后矛盾。如果不是监控录像证明客人从房间出去时，身上背着摄像机，那么这个“黑锅”可能就要给那位服务员背上了。服务员严格执行工作中的各项规定，按标准操作，一方面能够使住在饭店的每一位客人享受到其应享受的服务；另一方面，如果在清洁房间时发现贵重物品应及时向领班报告并在工作单上做好相应的记录。这就是最好的自我保护。

31. 床垫扎伤了客人

◆案例

这天晚上，北京某饭店客房部客房服务中心的服务员都在各楼层忙着开夜床做晚间服务。这时，在客房服务中心值守的服务员接到了一个电话，电话里传来519房间的客人痛苦的声音：“你们快到我的房间来看一看，我被床上的钢丝扎伤了。”服务员一听客人受伤了,马上跑到了519房间。

原来是客人从外面回来后,往床上一坐,一只折断的弹簧从床垫内扎了出来。弹簧扎破了客人的大腿,流了不少血。服务员看到这种情况,立即向领班做了汇报。领班请示了值班经理。值班经理马上派车,由一名领班陪同客人到附近的医院去治疗。医生为客人的伤口进行了处置,并打了破伤风针。在送客人去医院的同时,服务员把519房间的坏床搬了出来,换上了一张好床。

领班陪同客人看完病,由于受伤不算严重,经过医生处理后,从医院回到了饭店。大堂经理马上来到客人的房间,为客人送上了鲜花和水果。“由于我们在工作上的疏忽,给您造成了伤害、带来了痛苦,我代表饭店向您致以深深的歉意和问候。”大堂经理诚恳地对客人说,“您有什么要求,尽可以告诉我,饭店一定会尽力去做的。”

客人虽然被扎破,受了皮肉之苦,但经饭店工作人员陪同去医院处理之后,得知伤口无大碍,回到饭店后,又见到大堂经理的所作所为,深感饭店方的诚意。客人对饭店的态度和处理感到满意。认为事情的发生也不完全在饭店一方,也存在不可预测的一面。最后,为表示对客人的诚意,饭店为客人免去了住店期间的费用。

评析

床垫中的弹簧折断,虽然事先并不容易检查出来,存在一定的偶然性,有其不可预测的因素,但客人在饭店受到了身体上的伤害,客人毫无过错,饭店负有不可推卸的责任。因为客人是在饭店内,饭店首先应对客人在店期间的安全负责。而这件事是由于客房的设施对客人造成的伤害。出了这样的事,不仅仅是为客人看病、免房费的问题,即使客人提出索赔要求也属正常。

客人出事后，从服务员、领班到值班经理，均采取了积极主动的做法，没有过多的解释和推脱，而是派人、派车送客人到医院看伤。回到饭店后，大堂经理马上来到房间，代表饭店表明态度。使客人感受到饭店对客人的重视。使事情朝着有利的方向发展，最终取得了客人的谅解。

虽然客人也认为事情的发生也不完全在饭店一方，存在不可预测的一面。这只能说明客人是通情达理的。此类事情的发生，饭店应吸取教训。

客房中床垫的使用率是最高的。而由于客房的电话机一般都是放在床头柜上，所以客人在打电话时也都是坐在床边，天长日久就会造成床垫靠近床头柜的一边和客人睡觉的位置的弹簧长期受力而塌陷。一方面可能会出现弹簧折断扎伤客人；另一方面也会影响床垫的使用寿命。所以客房的床垫应定期翻转和掉头使用，这样床的正反两面四个床边在一年中轮换使用，以延长床垫的使用寿命，客人使用起来也会感到舒适。

客房需每一年四次翻转床垫，即一个季度翻转一次。翻转床垫一般以床垫的商标作为标记，按前后、上下翻动的顺序进行。第一次商标朝上于床尾；第二次商标朝上于床头；第三次商标朝下于床头；第四次商标朝下于床尾。服务员每次翻转床垫后，要在工作记录上有所显示，以便于下一次翻转。另外，也有一些饭店事先分别在床垫的四角用油笔写上数字“1、2、3、4”，用来区分四个季度。

饭店应对家具设备的完好情况加强检查，采取相应的措施并使之成为制度。除去制定并认真执行翻转床垫的制度外，客房服务员每天还应在做床时用手按一按，床垫有否损坏，以便及时发现。另外，饭店设备的更新是有期限的，如果过度的使用，该更新时不更新，那么无论是对客人还是对饭店都是不负责任的。

32. 侥幸心理不能有

◆ 案例

客房的外窗玻璃是客房清洁卫生工作的一项内容。由于在擦玻璃窗的外面时要站到窗台的外面,窗台的外面只有 20 厘米宽,所以出于安全的考虑,作为安全规定和操作标准,饭店对此有明确的规定:员工在擦玻璃时必须系好安全带。

天气已经渐渐变暖,经过了一个冬天,客房窗户玻璃已经很脏。按照客房部的工作计划,要在开春的时候将所有客房的玻璃进行擦拭。

这一天,领班安排服务员小王擦二楼客房的玻璃。小王系上安全带开始擦玻璃。擦了几间以后,小王觉得系着安全带干起活儿来不方便,系在腰间碍手碍脚,并且又是在二楼,没什么危险,于是就解下了安全带。身上没有了安全带的缠绕,干起活儿来果然顺手多了。

就在小王擦到最后一间客房的玻璃时,精神有些放松,站在窗台外面的脚一滑,失去了重心,从二楼的窗台上摔了下去。虽然楼层不高,没有摔坏骨头,但是身上还是划破了几处,脚也崴了,在家里休息了一个星期才上班。

小王虽然是在工作时间摔伤,但是他没有按照操作标准操作,同时违反了饭店的安全操作规定,因而他因伤休息的一个星期只能按病假计算,而不能算做工伤。小王违章操作出了事故,自己受了皮肉之苦,还损失了奖金。客房部把此次事故作为案例,教育员工一定要按照工作标准操作。

● 评析

一、员工在工作时,应严格执行工作程序和标准。小王的摔

伤，就是违反了规定，没有按照操作标准系好安全带所造成的。

二、缺乏安全意识和自我保护意识。饭店的安全工作，不仅仅只是客人和饭店的人身财产安全和防火安全，员工自身的工作安全同样是饭店安全工作的重要内容。饭店有擦玻璃时系安全带的规定，就是从员工的人身安全考虑的。员工本人在工作中也应具有安全意识及自我保护意识。俗话说不怕一万就怕万一，一旦发生安全事故，员工不论是在身体上还是经济上都会受到损失。因此不能有丝毫麻痹思想和侥幸心理。

三、作为客房领班，其主要工作就是在工作现场检查巡视和督导，发现服务工作中存在的问题，控制服务，控制卫生质量和操作标准。小王擦玻璃时没有系安全带，如果领班在工作中做到多检查勤巡视，在小王刚刚解下安全带时就能及时发现，及时纠正，就不会等到小王擦最后一间客房的玻璃时摔下来。反之，小王解下安全带也说明了平时的要求不严、管理力度不够。因此，这次事故的发生，作为管理人员的领班也是负有一定责任的。

四、饭店在抓服务搞经营的同时，不能忽视对员工的安全教育，应把对员工自身安全的保护列入日常的管理和培训中。

五、无论是饭店的管理人员，还是服务人员，必须做到举一反三，不能就事论事。在服务工作中，涉及服务员安全操作的方面有很多，如像本案例中的擦玻璃时要系安全带、刷杯子时防止扎手和清洁剂的腐蚀……关键是安全意识的加强和严格执行工作标准及程序。

33. 她怎么知道客人的姓名

◆ 案例

按照饭店业安全管理规定，以及公安部门对饭店的安全管理规定，为了保证住店客人的人身和财产安全，饭店有严格的会客登记制度。来饭店拜访住店客人须填写会客登记单，内容有住店客人的姓名、房间号和来访者的情况。

一天，在楼层服务台值班的服务员小杜接到一个电话。电话中的人说他要找住在607房间、从上海来的马先生。小杜查了一下住客登记单，发现住在607房间的客人不是姓马而是姓王。也不是上海人而是辽宁人。就对来电话的人讲："对不起，607房间的客人不是姓马。"电话中说："没错，他是我的朋友，就是姓马。那607房间住的人不姓马姓什么？"小杜说："607房间住的是姓王的，而且是辽宁人也不是上海人。""那可能是我记错了，对不起。""没关系。"对方说完就把电话挂了。

过了一会儿，从电梯里走下来一位小姐要找607房间的客人。小杜问她要找的客人的情况，来人的回答与实际情况相符。小杜按照规定请来人填写会客登记单，填完后小杜核实了姓名房间号，见填写的内容无误，就告诉那位小姐607房间的位置。没过几分钟就见小姐走了，而住在607房间的客人王先生来到服务台，对小杜说："刚才来了一位小姐到我的房间，她是来拉客做不正当交易的。我把她轰走了，如果她再来找，就说我不在，不让她进。可是真奇怪，她敲我房间门的时候叫我王先生。我根本不认识她，她怎么会知道我的姓名和房间号呢？"

是呀，小姐怎么会知道客人的姓名和房间号呢？联想到刚才外面打来的电话，小杜恍然大悟。原来是自己把客人的情况从电话里泄露了出去。

● 评析

当前社会上有一些人利用饭店做一些不正当的交易。有些拉客女直接到楼层敲客房的门。为了保证饭店和客人的安全，饭店有严格的会客制度。可是，有些拉客者是通过往房间打电话骚扰住店客人的。有些饭店的总机可以在交换机上设置免打扰服

务的程序，从外面直接往房间打电话打不进来，需要通过总机转接，总机话务员可以按照住店客人的意愿来决定此电话是否接转。因此在不知道客人姓名的情况下，不法分子也不能达到目的。

可是这些人又不肯善罢甘休，搅尽脑汁用“蒙”、“诈”等手段达到他们的目的，本案例就是这样一个案例。

不法分子先是往楼层服务台打一个电话，胡乱说出一个房间号和客人的姓名。然后再从接电话的服务员口中“套”出该房间客人的真实姓名和有关信息。往往由于有的服务员缺少经验，在无意中把客人的真实姓名和信息透露给打电话的人，而使不法分子得逞，使客人受到骚扰，影响了客人的正常起居和饭店的声誉，甚至还有可能给客人造成是饭店的服务人员与外部人员相互勾结串通的印象。

遇到这种情况服务员正确的做法应当是：当来人或电话中说出房号和客人的姓名后，经查验住客登记单，如与电话中所说不相符时，应该说：“对不起，607 房间没有您要找的客人。”应该告诉对方此房间的客人“是”或者“不是”他要找的客人。不应该把此房间客人的资料透露给对方。对话时不要忘记礼貌用语和服务态度，因为不知道对方是好人还是“坏人”。

要做好服务，不仅需要有较强的服务意识，还应有安全制度作为保障。服务员要具备一定的保密意识，不要对外泄露客人的信息资料。服务员之间在公共区域不要谈论涉及与客人信息资料有关的话题，以免被周围别有用心的人听到和利用。

维护和保证客人的安全，为住在饭店的客人创造良好的环境是饭店每一位员工的责任。

34. 闻到糊味以后

◆ 案例

饭店每年都要进行多次安全教育和消防演习，每个月要进行安全检查。由于客房区域是客人的生活区域，客房服务员又大多是单独工作，因此，客房部的员工需要有较强的责任心和安全意识。几乎所有的饭店都会将安全要求写入服务员的工作程序。

一天下午，客房清扫员满师傅清扫完一间客房后，推着工作车准备清扫下一间客房。

在满师傅推车经过 616 房间的时候，隐约闻到了一股糊味，四周看看，没发现有什么异常。往前走走，糊味没了。再回到 616 房间门口，还是有糊味。满师傅判断，糊味就是从 616 房间传出来的。满师傅不敢掉以轻心，马上将这一情况向领班做了汇报。

领班随即通知了保卫部。很快，客房领班和保卫部的人员一起来到 616 房间查看。客房领班敲了敲门，房间里面的客人把门打开，一股糊味伴随着蒸煮食物的味道，从房间里飘出来。

客人看到领班身后跟着一位穿着制服的保卫人员，似乎想起了什么，马上返回身，将什么东西往床底下推了推。保卫人员走近一看，是一个电炉子，下面还垫着一本书，放在地毯上，这时垫在电炉子下面的书已经被烤糊了。再一看，电炉子的电源插头还没有拔掉。真是太危险了！如果晚发现一会儿，还不知道会发生什么事呢。

保卫人员向客人讲明了饭店关于在客房内使用电器的相关法规，并将客人的电炉子带回保卫部做暂扣处理。

● 评析

当时，客房清扫员满师傅并没有在清扫 616 房间。在闻到糊

味以后，马上寻找糊味的来源，并马上向领班做了汇报。这是一种职业的素质，一种责任心强的体现，是安全意识强的体现。通过此事，反映出饭店和客房部领导对防火安全工作的重视，以及员工的安全意识和安全消防知识掌握的程度。

正是这种责任心，避免了一场火灾的发生。因为当时垫电炉子下的书已经烤糊。见到保卫人员进来，客人还要把电炉子往床底下推，那将更加危险。如果不是满师傅“多事”，及时的寻找、发现糊味的来源、及时汇报，一旦发生火灾，后果真是不堪设想。

客房服务员在日常工作中发现客人在客房内使用电器，应礼貌地向客人说明，在客房内使用电器是不安全的。如客人需在客房内用餐，服务员应告诉客人在饭店有送餐服务，同时还要将送餐电话告诉客人。及时将发现的情况通知大堂副经理及保卫部。客房服务中心认真记录并做好交接班，在清扫客房卫生或开夜床服务及日常服务中多加注意，防止客人再次使用电器而发生危险。如再次发现客人在使用电器，则由保卫部值班人员出面，为客人暂时代为保管，在客人离店前交还给客人。如果因为客人私自使用电器而造成事故和损失的，应由公安部门进行处理。

“水火无情”，防止火灾的发生，是饭店安全工作的首要任务。引起火灾的原因很多，客人酒后吸烟、躺在床上吸烟，在客房内使用电炉子、电饭锅、电熨斗等电器不慎，都是饭店火灾发生的主要原因。因此除了做好对客房服务、客房卫生清扫工作，做好安全防火工作也是客房服务员的重要工作之一。各岗位人员要尽职尽责，坚守岗位，高度警惕，及时发现不安全因素和火灾隐患，把火灾事故消灭在萌芽状态。

饭店的管理者在抓服务、抓经营的同时，不要忘记安全。没有安全就没有旅游事业，饭店的经营有淡季旺季之分，而安全工作则没有淡季旺季，是一项长抓不懈的工作。服务工作讲究服务意识，而安全意识更重要。

35. 枕头下有手枪

◆ 案例

客房服务员小宋，是一个聪明、责任心强的小伙子，他是客房服务中心的晚班服务员。晚班服务员的主要工作是为客人提供开夜床及晚间服务。由于晚间开夜床的工作是由一名服务员负责一层楼，单独工作。因此，这就更需要服务员具有较强的责任心，有独立处理常见事物的能力，还要有较强的安全意识，注意楼层有无不安全因素和现象，客房内客人的物品有无异常。

这一天晚上，小宋被领班安排到七楼开夜床。小宋像往常一样，拿着工作单和工作磁卡，推着服务车开始了工作。小宋来到748房间，首先按照操作标准敲门并报出“您好，我是客房服务员，开夜床服务”。房间里没有人应答。又敲了两遍房门，当确认客人不在房间后，小宋用工作磁卡钥匙打开客房门进入房间，熟练地操做起来。开亮夜灯，拉上窗帘，叠起了床盖，当小宋拿起枕头准备撩开被角时，看到在枕头下面放着一个打火机。打火机为什么放在枕头下面呢？躺在床上吸烟是非常危险的，小宋想。再仔细一看，这个打火机比普通的打火机要大一些。小宋看着打火机有些眼熟，觉得与自己在一本军事杂志上看到的打火机手枪很像。放在枕头下面，很可能就是手枪。如果真是手枪，这可不是闹着玩的。小宋马上将情况向领班做了汇报，客房部的值班主管报告了保卫部，保卫部又立即与公安部门取得了联系。很快，公安局的同志和饭店保卫部的经理一起来到了748房间，这时房间的客人还没有回来。公安人员拿开枕头，拿起“打火机”一看，果然是一只手枪。原来这是一只打火机形状的微型手枪，而且此时子弹已经顶上了膛，枪的保险还打开着……以后的事就由公安人员解决了。

由于小宋对工作的认真和很强的安全意识，发现了危险品并及时汇报，避免了意外事件的发生，消除了威胁宾客生命和饭店安全的隐患，受到了饭店的嘉奖。

评析

饭店是靠服务生存的，企业效益的好坏与服务有着直接的关系。但是安全对于饭店来讲就更加重要。至于安全的重要程度，在旅游业有这样一句话：没有安全就没有旅游事业。所以，安全是饭店的第一需要、是客人的第一需要。

作为客房服务员，其主要工作是为客人提供服务。但在工作中，处处包含着与安全有关的因素。这些因素需要在日常的服务工作中去发现、解决。由于客房工作的特殊性，保卫人员不可能每天去客房查看，只有客房服务员进入客房的机会较多。但在工作中又有严格的纪律，不能随意动用客人的物品，这也是对客人起码的尊重。因此，这就要求客房服务员具有很强的安全意识和对饭店、对客人的高度责任感。所以客房服务员又是饭店和客人的安全员。

在饭店客房发现手枪，绝对不是常见的事，而又是打火机形状的手枪，更比较少见。一般人根本没见过，很少会有服务员有这样的经验。因此，这就不是随便一个人就能马上识别的。而服务员小宋就是因为工作认真、责任心强，才发现了此事。所以，安全意识源于责任心。我们做为服务员对于不正常的现象，应多问一个为什么，打火机为什么放在枕头下？

由于小宋及时发现、及时汇报，此事得以及时处理。另外就是小宋在工作中严格遵守饭店的规定，没有乱动。因为有个别客房服务员在进入客房工作时，见到客人的比较希奇、新鲜的物品时，违反不能动用客人物品的规定，拿起来看一看和玩一番的现象也是存在的。如果小宋见到打火机，没有多想，没有汇报，从而延误了时间，甚至好奇再拿起来看看、摆弄摆弄，那么这支子弹上了膛的手枪,什么样的后果都有可能出现。

还有一点就是服务员广泛的兴趣和综合知识,对于在服务中发现问题、判断问题和处理问题的能力也是有益的。

36. 客房的门没关

◆ 案例

某饭店对安全工作非常重视。特别是客房部,作为客人的生活区域,客房安全工作的好坏,直接关系到客人的人身和财产安全以及饭店的声誉。

场景一:快到吃午饭的时间了,负责客房清扫工作的服务员高师傅将工作车推到工作间准备去吃午饭。当她收完车从工作间走出来经过 629 房间门口时,看到房间的门虚掩着,没有关上。在从 629 房间门前走过去之后,责任感促使高师傅站住了。房间内到底有没有客人?高师傅有些不放心,因为一般情况下,有时是客人在房间内吸烟,需要换空气而将房门敞开;有时是客人退房走了没关门;还有的是住店客人出去时忘记了关门。高师傅又转回身来,来到了 629 房间门口,试探着轻轻敲了敲门,没有回音。又敲了几下,还是没有人应答。高师傅轻轻推开门往里一看,房间内有客人的行李物品,可是却没有人。这一定是客人出去时忘记了关门或没有关好。高师傅将门关好后,将此情况向领班做了汇报,同时还在工作单上做了记录。

场景二:领班巡视到楼道的拐弯处,看到 660 房间的门开着。敲了敲门进到房间,没有人在。一只行李箱就放在房间内冲着门外的行李架上。这时服务员小张正在清扫旁边的 659 房间卫生。领班就过去问小张,知不知道 660 房间的门开着。小张说:“刚才我就看到 660 房间的门开着。”领班问:“你看到门开着为什么不看看里面有没有人?要是没有人就应当关上,万一发生了客人行

李丢失的事就麻烦了。”小张说:“我估计客人可能在房间内,就没管。”

下班前,领班召集本班组的员工开了一个班组会,把同一天发生在本楼层的两个房间没关门的事讲给大家听。对高师傅责任心强,安全意识强的表现进行了表扬。对安全意识淡薄,与高师傅的做法形成鲜明对比的小张提出了批评,并分别对两位服务员给予了奖励和处罚。

评析

“没有安全,就没有旅游事业”,从这句话可以知道安全工作对于旅游事业的重要性。在饭店的工作中,客房服务与前台和餐饮服务不同。客房的服务和清扫工作大部分是服务员的单独工作,因此客房服务员必须要有很强的安全意识。一旦发生安全事故,对客人的人身、财产以及饭店的财产和声誉都会造成不可估量的损失。

同一天在同一楼层发生了两件客房开着门的事情,但两名服务员的做法却不同。小张已经发现660房间的门开着,而没有过问核实,只是“自己估计客人在房间”,就没有去管“闲事”。在安全问题上,服务人员不能有“多一事不如少一事”的思想,遇到不正常的情况就要查一查、问一问。与安全有关的问题,我们是不能靠估计来认定的。安全问题必须要准确、严谨,每一个疑问和隐患都要逐一落实,而不能靠估计。正确的做法应该是:像高师傅那样,轻轻的敲一敲门,如果房间没有客人应答则将房间的门关好,记在工作记录上,并向领班汇报。如果客人在房间,也应提醒客人注意关好房门,不给不良分子可乘之机。

领班召开的班组会是及时的。正反两个案例,奖优罚劣,会起到教育员工的作用。

饭店安全工作的主要内容有防火、防盗和防意外事故。服务人员对安全问题不能有半点马虎。事故出自麻痹。做好安全保卫工作是客房服务工作的一个重要方面，是饭店管理工作的头等大事，是饭店经营、服务的基础。饭店管理者对安全工作应长抓不懈，培养教育员工增强安全防范意识，并在日常工作中加强检查，发现问题及时纠正。

37. 你们受委屈了

◆案例

这天晚上是客房部王经理值班。晚上 8 点多，王经理到客房部各岗位巡视检查，一切情况正常。刚刚回到办公室，桌上的电话就响了起来。王经理拿起电话一听，是客房服务中心的值班员打过来的。值班员向王经理汇报：刚才住在 2606 房间的客人往服务中心打来电话报失，说她晚上回到房间后，发现房间内的一个放有 6 个鳄鱼皮钱夹的背包不见了。值班员请客人好好回忆一下，是不是放错了地方。客人说没记错，而且就怀疑背包是被客房服务员偷走了。

王经理听了汇报，马上与保卫部取得了联系。随后和保卫部经理一起来到了 2606 房间，向客人了解情况。客人是一位女士，姓蔡。蔡女士刚刚从泰国回来，鳄鱼皮制品是泰国的特产，是高档的皮革制品，蔡女士买了六个鳄鱼皮钱夹，准备回来当作礼品送给朋友。蔡女士在北京停留几天顺便看看在北京上寄宿学校的儿子。蔡女士说：儿子这两天没住在学校，和她住在一起，早晨就出去上学了，现在还没回来。她自己中午出去办事了，直到晚上 8 点才回来。鳄鱼皮钱夹就放在一个背包内，下午只有服务员进过她的房间，除了服务员拿没有别人。

见蔡女士这样着急又这样肯定是服务员干的，两位经理安慰客人放心，说饭店有严格的工作程序和要求，如果是服务员所为，一定会查出；如果不是服务员，店方也会尽力协助客人查找。但

在查清楚前是不能下结论的。

王经理随后查看了服务员清扫房间的工作单和领班的查房记录;又把白天清扫客房卫生的服务员和带班领班,从家里找来了解情况。从工作记录和服务员以及领班的叙述都没有发现什么疑点。清扫和检查房间的时间都是在下午蔡女士出去之后,二人都说没有看到蔡女士所说的钱夹。可蔡女士依然咬定钱夹是服务员偷走了。

这时蔡女士的儿子从外面回来了,身上背着一个背包,蔡女士看到背包,拿过来打开一看,六个鳄鱼皮钱夹全在里面。原来是蔡女士的儿子早晨上学时拿错了背包,蔡女士没有发现。

事情清楚了,蔡女士羞愧地哭了,对两位经理说:“你们的服务员受委屈了。”由于是自己儿子拿错了背包,给饭店的领导和服务员带来了那么大的麻烦,蔡女士还拿出了500元钱表示歉意,希望能得到服务员的原谅。客房部的王经理对蔡女士说:“没关系,工作是我们应该做的,只要东西找到了就好。”

评析

客人在住饭店期间丢失了东西,一般都会找饭店“说事儿”。遇到这类事情,客房服务员是不容易摆脱干系的,必然会成为被了解的对象,有时还成为怀疑对象(确实也有发生服务人员作案的)。受客人误解的现象也时有发生。客人会把丢失物品的责任归结为饭店管理不善,以至于给饭店声誉造成影响。因此饭店必须要有一套严格的制度,防止此类事情的发生和在发生此类问题后便于分清和落实责任。

案例中的蔡女士在知道了是自己的儿子拿错了背包后,对自己开始一口咬定是服务员偷了钱夹的做法表示了愧疚,觉得服务员受了委屈,给饭店添了麻烦。但是饭店的领导和服务员也没有责怪客人,认为协助客人调查是自己应做的工作。案例给了人们提示:

这首先需要服务员在平时养成良好的工作习惯，认真做好工作记录。这也是加强自我保护意识的表现和依据。进入客房工作当中，会接触到客人的各种物品，因此服务员在工作时要对客房内客人的物品做到心中有数，特别是发现贵重物品要及时向领班汇报并做必要的记录。另外还要对是否有客人的亲属、朋友来访做到心中有数，并将情况在工作单上做好记录，一旦出现问题，可以将情况说清楚。这既有利于保卫部门或者公安部门开展调查工作，同时又达到了保护客人的财产安全和保护自己的目的。

38. 磁卡钥匙不见了

◆案例

一天下午，已经快到白班服务员下班的时间了，某饭店的客房服务中心接到了一个设备报修电话。这是清扫客房的服务员打来的，说：有一间客房的下水出了问题，服务中心的值班文员马上把报修信息通知了工程部。

不一会儿，工程部的维修工来了。服务中心的服务员小乔正在做下班前的准备工作——清理工作间的卫生。小乔是客房服务中心负责走客检查房间、收取客衣、为客人提供随机服务或因工作需要陪同开门等工作的。如果按照规定，像维修工进入客房维修这样的情况，小乔应该用服务中心的磁卡钥匙为维修工开门，而不能把磁卡交给维修工使用。如果维修的是住客房间，服务中心的服务员还要在客房陪同。可是小乔为了节省时间，把自己手里的活儿赶紧干好能够按时下班，就违反规定把磁卡钥匙交给了维修工，还嘱咐了一句“我这里正忙着呢，我先把你的工作单签上字，你自己去吧，别把磁卡丢了，用完给我送回来。”维修工说：“你放心吧，用完就给你送回来。”

到了小乔下班的时间，下一班的同事来接班：“有什么事吗？”

小乔说了一句："一切正常。"就下班走了。巧事全遇到一起了，维修工把客房的下水故障排除后，关上客房的门，随手把磁卡钥匙装入衣袋也下班走了。

到了开夜床的时间了，晚班的服务员打开存放磁卡的柜子，这才发现磁卡钥匙没有了，后悔在接班时没有交接查看。马上与已经下班的小乔联系，这时小乔才想起将磁卡交给了维修工。小乔赶回饭店找到工程部，可是那位拿磁卡的维修工也已经下班回家。她再与维修工联系，维修工才想起把磁卡钥匙装在了工作服的衣兜里，马上赶回饭店，来到更衣室打开更衣柜，从衣兜儿里拿到磁卡，而时间已经过去了好几个小时。

小乔、维修工、晚班服务员，所有人心中的石头落了地，而每个人的心理都非常后悔，如果当时我要跟着去；如果我及时把磁卡送回；如果我接班的时候检查核对一下……

评析

真如案例中几位当事人事后想的"如果"一样，如果有其中的任何一个环节、任何一个人按照工作程序规定的要求去做，都不会发生这件令人"着急"和"后怕"的事情。

客房服务中心服务员小乔因为在做下班前的准备工作，而把磁卡钥匙交给维修工，违反了客房工作钥匙管理规定，把磁卡钥匙交给他人使用并且没有进行记录。客房服务中心配备的工作磁卡钥匙，是能够开启多个房间的通用磁卡，在一定的范围内，可以打开所有客房的门锁。一旦工作磁卡失控或者丢失，会产生很严重的后果。因此，客房部的当班服务员一般情况下是不允许将磁卡钥匙交给任何人的。员工因工作需要使用磁卡时，应在磁卡钥匙使用记录表上登记磁卡编号、领取时间、领取人姓名和发放人的姓名。任何人使用完磁卡后，应尽快将磁卡交回，在磁卡钥匙使用记录表上写明交回时间、接收人签名。任何人不得将磁卡带离工作岗位，更不得带出饭店。

服务员小乔还有一个违反操作程序的地方，就是在维修工还没有进行维修时，小乔就在维修单上签了字。维修工手中的维修单实际是维修验收单的概念，即服务员为维修工开门，待维修工工作完毕，服务员对维修的项目进行验收合格后在维修单上签字。验收内容既包括维修项目，同时还包括维修工对工作现场的整理，最后服务员再对客房的卫生和用品摆放规格进行检查整理。

小乔与晚班服务员没有认真履行交接班手续，只是简单问了有什么事。交接班时应认真地看交接班记录，包括已办事项、待办事项、住客情况、物品情况等。而工作磁卡钥匙的交接，是客房服务中心服务员交接班的一项重要内容。交接班时，交接双方应认真核对钥匙数量和编号，对于已发放出去还未交回的，要查验磁卡钥匙使用记录表。

钥匙管理是客房安全管理的一项重要内容，建立并严格执行钥匙的使用、发放、记录、保管、交接的制度，是保证宾客人身财产安全和饭店安全的基础。就此案例而言，晚班服务员从发现磁卡钥匙没有，到找回磁卡，是相当长的一段时间。如果在这段时间内一旦发生紧急情况，那么小乔等人就不是“后怕”的问题了。

第三篇

艺术篇

39. 工作不等于服务

◆ 案例

一位客人入住饭店，在前台办理完入住登记手续后，由行李员引领来到客房。进入房间，行李员将客人的行李放到行李架上之后，主动向客人介绍饭店的服务设施、服务项目和客房的设备。行李员离去后，客人关上门，开始更衣、洗漱。过了几分钟，一名客房服务员来敲门，客人打开门，服务员送来了迎客茶和香巾，请客人用茶、用香巾。

这位客人离店后，服务员在清扫客房卫生时，在客房内的宾客意见卡上，见到客人留下了这样的字句："贵饭店管理规范，服务员训练有素，但他们所做的不是为了客人，而是为了完成自己的工作。"

● 评析

行李员主动耐心的介绍，客房服务员的迎客茶和香巾，为什么没有使客人满意，反而得到了那样的评价呢？

服务是为了满足客人的需求，服务质量的高低，是看客人是否满意或满意的程度。死板的服务即使是"训练有素"的，也不一定能使客人满意。

客人刚刚入住饭店，大多是经过了飞机、火车或汽车的旅途劳累。进入房间后，需要的是洗漱、更衣、休息，或者是马上往家里打个电话报平安。可行李员在放下行李后不肯离去，而是“耐心”的介绍服务设施、服务项目。行李员退去了，客人刚要放松、方便一下，客房服务员又来敲门，送迎客茶、送香巾，客人的感受会怎样？会有服务细致、周到的感觉吗？这种服务反而给客人带来了不便甚至尴尬。

向客人介绍饭店的情况，送上迎客茶和香巾，是饭店管理规范、服务热情的体现。但这些都应视客人的情况而定。因为服务是对人的，所以服务应是灵活的。介绍服务、上迎客茶和香巾，可能是服务程序的要求。但要做到恰到好处的服务，就要了解客人的需求和感受，站在客人的角度去想。对于初次到饭店并想了解饭店情况的客人，服务员应耐心的介绍，同时还应看客人希望了解哪方面的内容。把客人需要的想到、做到并且做好，客人才会满意，才能使服务具有针对性，为客人提供优质的服务。

而在客人不需要时仍然机械地、“耐心”地为客人介绍，客人需要到卫生间踏踏实实的洗漱，服务员却为客人送上一块香巾，这实际是在耽误客人的时间，影响客人做自己要做的事情，就会引起客人的反感甚至误解——变相向客人索取小费。

服务程序是固定的，而有些内容在实际服务中还应灵活运用。比如行李员或者客房服务员在与客人的接触中，就可以判断出客人是否第一次入住该饭店，在向客人介绍时应随时注意观察客人的反应。

至于为新入住客房的客人上迎客茶和香巾，也应具体情况具体分析，充分考虑客人的感受，选择恰当的时机和场合。如前面讲过的，客人在经过旅途进入房间后，需要做的是洗漱、更衣、打电话等，而不是用香巾擦手。而如果是客人入住时有人接待陪同，在进入客房后要落座交谈，这时服务员送上茶水和香巾，就会收到较好的效果。

当然，做到以上这些，不仅仅是服务员的问题，管理者应在制定服务程序时，要进行换位思考，考虑到服务的使用性和服务效

果;另一方面要加强对员工进行多种形式的培训,使员工在服务意识、服务技巧及与客人的沟通交流的能力上有所提高。进而使客人能够享受到恰到好处的服务。

服务,是服务员的工作。而案例中的服务员不是在为了客人提供服务,只是在完成自己的工作。因此,工作不等于服务。难怪客人会说"不是为了客人,而是为了完成自己的工作"。

40. 记住客人的姓

◆案例

一位香港客人入住某饭店,从走进饭店的大门开始,他遇到的每一位服务员都会面带微笑主动问好:"您好,先生,欢迎您光临。""谢谢。"客人马上报以谢意。觉得该饭店管理有序,服务员训练有素,都很讲礼貌,具备一定的素质。

但是从入住到饭店的第二天起,这位香港客人觉得有一点别扭。不论是早晨还是晚上,也不论是出去还是回来,特别是在客房区域,每一位服务员见到他,都会主动说"您好,先生"。香港客人觉得服务员的问好和微笑,不像是发自内心的,给人的感觉是在应付客人,一看就是统一要求这样做的。

第三天的早晨,这位客人走出房间,在经过服务台的时候,服务员见到他照样还是"您好,先生"。

当香港客人退房离店后,服务员清扫房间卫生的时候,在写字台上的宾客意见卡上,看到了客人写下的感受:"通过几天与贵酒店员工的接触,感觉到酒店是重视管理并有较严格的制度的。但是希望我下次来到贵酒店时,见到的服务员,不再是像这次一样的笑,也不再要像这次一样向我问好。因为你们的笑容是做出来的,不是发自内心的。这样的问好还不如不问,反而会使客人听起来难受,因为外出住酒店的客人不喜欢学舌的鹦鹉,也不愿意每天见到的都是会说话的机器。出门在外的人，希望听到的是像家人一样的问候和关心，看到的是发自内心的微笑。”

评析

客人进入饭店，见到的是微笑，听到的是问好，这当然是好事。微笑和问好，体现着饭店的管理，员工的礼节礼貌修养和素质。但是客人每天见到的是同一样的面孔，同一句问候，就缺少了亲切随和的家的感觉。客人也仿佛见到了设定好程序的、面带微笑的、会发声的机器人，或者是学舌的鹦鹉。死板机械的服务和语言不但不会使客人感到亲切，反而会影响到客人的正常活动，甚至使客人厌烦。

称呼客人的姓氏，对客人来讲是一首最美妙的音乐。如果第一天见到客人，服务员说：“您好，先生。”这对于刚刚来到饭店的客人来说，是一句规范和礼貌的问候语，会使客人心里感到舒服。而第二天、第三天见到客人，不管什么时间，什么场合仍旧是“您好，先生”，就显得陌生和疏远，好像根本不认识客人。难怪客人说服务员是鹦鹉、是机器人。

如果服务员再次见到客人的时候能称呼客人的姓氏或职务，效果就会不一样了。而作为客房服务员，要知道客人的姓名是很简单的事情。“先生”和“王先生”虽只是一个姓的差别，但它会使客人感到他是受关注的。如果该客人的朋友在身边，客人更会有受重视、受尊重的感觉。客人会觉得有面子，对于客人的心理来说，也是一种自我价值的实现。

对不同性别、不同年龄的客人也应使用不同的问候方式。如“祝您玩得愉快”、“今天天气很好”、“外面正在下雨、别忘了带上雨伞”、“祝您晚安”等，这样就会与客人多一些交流，拉近服务员与客人的距离。特别是客房楼层区域，和饭店大门的门童、餐厅门口的领位不同，客房属于客人的生活区域、私人空间，对于客人来讲，亲切、随和、松弛、方便，是他们希望的环境。

因此，做为客房服务员其实也不仅仅是客房服务员，记住并称呼客人的姓，是取悦客人的重要方法之一。

当然，见到客人微笑和问好只是表示礼貌和友好的形式之一，而“用心做事，以情服务”才是在服务人员中应该倡导的。这也是客人希望得到的服务。这一点在客人留下的意见当中就可以看到：“出门在外的人，希望听到的是像家人一样的问候、关心，看到的是发自内心的微笑。”

41. 仅有主动热情是不够的

某酒店，楼层的服务员看到一位女宾从电梯中走出。客人手里提着一个旅行包，身上背着一个女式挎包。服务员主动走过去向客人问好，在问明客人的房间号后，说道：“我来帮您提行李吧。”并伸手接过旅行包。客人把旅行包交给服务员后说：“谢谢！”可是服务员又伸手去接客人的挎包，客人说：“谢谢！这个包我自己拿。”服务员依然热情地伸手去拿，嘴里还对客人说：“没关系，我来帮您拿。”此时服务员根本就没意识到客人是不愿意让他拿，还以为客人是在客气。这时客人脸上露出了不快，把挎包背到身后，从服务员手里夺回了旅行包说：“不用了，还是我自己来吧。”服务员愣在了那里，心里纳闷：“难道我做的有什么不对吗？”

评析

是的，这位服务员做的确实有不对的地方。对客服务是应该主动、热情。但主动要分是什么事，热情也要有个度。

以帮助客人提行李为例，客人的行李可以帮助拿，而客人的随身小包就不应该去拿，如男宾的手包、公文包、密码箱；女宾的挎包、小手提袋。客人手中的小包一般是放随身物品以及文件、证件、票据和钱等重要的东西，以及一些女士的私人用品。客人不愿意交给别人去拿。在与行李有关的对客服务中，客人不愿意把行李交给服务员，还会有其他的原因，如行李内有贵重物品、易碎品等。在饭店业中服务员为客人拿行李还有客人付小费的因素，因此如果客人不用服务员拿行李而服务员过于热情，有时还会给客人造成强要小费的印象。

为客人提拿行李，正确的做法应当是：见客人提着行李走来，服务员主动的走上前去问好，征求客人的意见是否需要帮助，并伸过手去接客人手中的行李，而不是从客人手中“抢”行李。如果客人明确表示不需要服务员帮助，则服务员应礼貌地为客人指引方向。

对客服务不能只讲主动、热情，还要讲究有礼、有节，把握好分寸，还要考虑到客人的感受。服务是为了使客人满意，而因为服务引起客人的反感甚至不满，就失去了服务的意义。因此在服务中做到主动、热情的同时，还要尊重客人的选择，以免引起客人的误解。另外，如果是两位客人或两位以上，要判断哪一位是主宾；如果客人中有男有女，要主动去接女宾手中的行李；如果有老年客人，就要先去接过老年客人手中的行李。服务员的这些细节问题，在服务行业中的说法是：“服务员的眼睛里要能看出事儿来”。服务中出现的这些问题，不仅仅是服务员的问题，也是培训工作中应注意细化的问题。

42. 能干还得会说

◆ 案例

客房部的服务员小马，是一位从农村顶替退休的父亲到饭店工作的小伙子。小马为人忠厚朴实，肯干活儿不怕吃苦，工作踏踏实实从不惜力，而且手脚麻利，他清扫起客房卫生速度快、质量好。在检查卫生时，很少出现不合格，也没有客人因为客房卫生不好而对他提出过意见，因此在卫生方面经常

受到领导的表扬。可是小马却经常因为“不会说话”引起客人的不满。

一天早晨，见到一位客人从客房出来，小马主动和客人打招呼，可是说出的话却令客人摸不着头脑：“您起来啦？您吃了吗？”客人听了一愣说：“没吃，我现在就是去吃早餐。请问用早餐在哪里？”小马用手往前一指：“往前走，再往东一拐就到了。”客人问小马：“请你告诉我哪边是东。”小马又告诉客人说是“往左”。客人摇着头走了。

有一次，小马清扫一间客房的卫生时，客人对小马说：“我房间的台灯坏了，请马上给我修理。”小马说：“行，我给您报修。可是我们这儿的电工干活老不着急，没办法。”客人一听生气了：“电工急不急我不管，反正我急。现在我跟你说了，你马上就得给我解决。”小马从客房出来就去联系维修工。

还有一次，见一位客人正往外走，小马问客人：“您出去呀？您干什么去？”本来是想跟客人打个招呼，结果客人不高兴了。客人对小马说：“你问我这个是什么意思，你为什么要问我去干什么？我出去干什么有必要告诉你吗？”说完，客人怒气冲冲地走了。

这都是怎么回事呢？其实，问题就是出在小马“不会说话”上了。

评析

做为饭店的服务人员，在服务中应使用规范的服务用语。“您吃了吗？”“您出去呀？您干嘛去？”这类语言的本意是表示人们见面时互相之间打招呼和互相问候的一种形式，是讲礼貌的表现。但这种问候语言，是在熟人、同事之间、在家里、在邻里之间使用的家常话。

如客人问：“用早餐在哪里？”做为在饭店工作的服务员，就不应用在大街上或农村经常使用的“往西走”、“往东拐”等语言。而应说“往左”“往右”。因为一般客人在饭店里面是很难辨出方向的。另外,如果距离不远,更好的方法是:如果客人需要,服务员应引领客人到相应的位置。

客人提出台灯坏了,服务员应首先向客人致歉并马上向工程部报修。如存在工程部维修不及时的问题,也要通过领班和部门领导与工程部联系、沟通。而服务员不应该把饭店内部员工的情况对客人讲。

服务员小马做客房清扫工作很出色。但作为服务人员要做好服务工作,只是做到能干还不行,还得会说。服务中与客人的沟通交流,主要是通过语言:服务用语是否规范、使人听了亲切?因此,语言是联系顾客与饭店情感的纽带。

可是问候的方式在不同的国家和地区、在不同的场合和时间以及身份和角色的不同,都应该是有区别的。比如问客人出去干什么,如果是问外宾就涉及了客人的隐私;而如果是一名女子,还有可能被对方误解为是对其人格的侮辱。

语言质量是服务质量的重要体现。不同的语言表达,会带来不同的效果。服务员见到客人要使用敬语问好。但如果在一天中服务员与同一位客人多次见面,总是重复同样的一句"您好",客人也同样会产生反感。因为客人不愿意见到会问好的机器。

作为饭店的服务员,首先应明白自己是"服务员",服务员不但要能干,还得"会说",而且在"说"的时候,使用的应该是"服务语言"。

研究饭店的服务语言艺术,培养、教育服务人员掌握礼貌、灵活得体的语言表达技巧,对于提高饭店的服务质量和经济效益,乃至促进社会精神文明建设,都具有十分重要的意义。这也是饭店管理者和培训人员应做的工作。

43.“推”与“拉”

◆ 案例

由于前一天行政楼层的标准间都住满了客人，当天上午没有空房。有些标准间是客人刚刚退掉的，入住的客人又比较多，虽说应使到店的客人及时入住，但为了保证客房的卫生质量，服务员清扫房间确实又需要一定的时间，所以，有时会出现新到店的客人不能马上入住的情况。

一天上午，一位客人来到行政楼层要租一个标准间。这位客人是饭店的常客，是到电影制片厂办事的，希望马上给予安排。因为在行政楼层入住的客人不需要到总台办理入住手续，而是直接到行政楼层的服务台办理入住。于是这位客人与服务台的服务员有了如下的对话：

客人：“小姐，我需要一个标准间。”

服务员：“对不起，先生，现在没有干净的空房，服务员正在清扫，而且您事先也没有预订，可能等的时间会比较长。”

客人：“我马上要去电影制片厂办事，等不了那么长时间，你能不能想想办法帮我解决一下。”

服务员：“先生，真是对不起，现在确实没房。要不您去花园饭店住吧，那里可能会有空房。”

客人：“这里离电影制片厂近一些，而且我也习惯了住在这里。”

服务员：“电影制片厂在我们饭店和花园饭店中间，所以两家饭店到电影制片厂的距离差不多。”

客人：“花园饭店的条件差一些。”

服务员：“我们饭店是四星级，花园饭店是三星级，差不了多少，而且花园饭店的房价还比这里便宜。”

……

事后，这位住惯了这家饭店并与这家饭店很有感情的客人，找到饭店有关人员，说起了这件事，最后语重心长地说："你们饭店现在生意的确很好，不缺我这一位客人。可是你们知不知道在北京三星级以上的饭店现在生意都很好，这是因为市场大形势好，一旦这阵热度过去了，新饭店更多了，你们的客人都丢失了，到那时再想改进就晚了。"

评析

上面这个案例中，客人是主动找上门来的，可服务员"主动、耐心"的为客人介绍别的饭店，其实这不是为客人解决困难，而是将上门的客人往外"推"。

饭店前一天的客房出租率较高，第二天上午有一些客人退房，客房服务员清扫客房需要一定的时间，新到店的客人不能及时入住，这是很多饭店在出租率高的时候都会遇到的情况。但是，在市场竞争激烈的今天，任何一家饭店都在想尽办法多"拉"客人，而不愿意"放走"一位客人。

很多饭店对于这种情况都有一些尽量留住客人的措施和办法。比如在房间紧张时，一边可以先把客人的行李保管起来，请没吃早餐的客人先去吃早餐；安排吃过早餐的客人到咖啡厅边喝饮料边等候，而另一边则抓紧时间和人力"抢房"。这样就可以减少客人的等候时间和等候时的焦虑，等客房卫生清扫完以后及时通知客人。如果遇到像案例中的客人那样着急出去办事，可以先向客人解释，然后为客人保管行李，请客人先去办事，等客房准备好以后把手续办好、再将行李送到房间，客人回来后就可以直接进入房间。也可以先替客人保管行李，让客人去办自己的事情，等客房清扫完毕后，为客人保留房间，等客人办完事情回到饭店再办理入住手续。这样客人的问题解决了，服务员的工作压力也得到了缓解。这样就能够把客人"拉"回来。

通过上述分析，这一“推”一“拉”的差距不在于服务人员的能力而在于意识、责任。“大河没水小河干”的道理谁会不懂呢？我们的服务是为客人提供的，是为饭店做的，而更是为我们自己做的。因此对客人负责、对饭店负责就是对自己负责。

这一“推”，不仅仅是饭店失去了一笔买卖，而是伤了客人的心。这位客人与饭店有关人员说出他的想法，说明客人对饭店是有感情的，是对饭店的关心，是对我们的忠告，事实正是像客人说的那样，如果等饭店的“客人都丢失了，到那时再想改进就晚了！”

44. 特殊的床

◆ 案例

一天，客房部接到销售部的通知，两天后将有一位特殊的客人入住饭店，请客房部提前做好准备。

这是一位怎样特殊的客人呢？这位客人的特殊之处在于，通过客人预订通知单得知，将要入住的这位客人的身高达 230 厘米。那么准备什么呢？主要就是为这位将要到来的“巨人”准备睡觉的床。

准备工作开始了。哪里有这么大的床呢？就是有这么大的床也没地方放呀。客房部经理和几名服务员一起商量，想出了办法。选定了一个豪华大单间的客房，把会客区域的沙发抬出去，在房间的客厅里放上一张两米乘两米的大床，再把一张两米长、一米宽的单人床横着与大床的床尾相接拼在一起，这样就成了一张 3 米长、两米宽的“巨型单人床”。

床有了，可是还没有与“巨床”配套的卧具。一位客房领班出了个主意，到工服房把两条大号床单接到一起，做成一条巨大的床单，一共做了三条床单，毛毯也是用两条接在一起。最后，共用了六条床单、两条毛毯做好了这张特殊的单人床。

这位来自美国的“巨人”在这家饭店享用了三天“巨型单人床”后，离开饭店前，在客房的《宾客意见卡》上写下了这样的留言：

我是美国一家公司的职员，我的智力不比别人差，能力也不比别人差。可是我不敢像其他人一样出差或旅游，因为我的身材特殊，没有哪家饭店能有合适的床供我睡觉休息。而有时由于工作原因，又不得不出差，入住饭店时，经常在客房的地毯上打地铺。常常由于休息不好，第二天无法正常工作。贵饭店为我特制的床实在是太舒服了，这是我除了在自己的家里之外，睡得最舒服的三天。这三天，对于一般人也许不算什么，但是在贵饭店入住的三天，是令我难忘的三天。

● 评析

这是一个典型的针对性服务案例。

针对客人的特殊身材，如何才能使客人睡得舒服，客房部的经理和服务员开动脑筋，站在客人的角度去想。其实将两条床单接在一起，客人走后拆开还是一样用。关键是他们没有嫌费事、怕麻烦的想法。

在为特殊客人准备用品和提供服务时，并没有什么高难度，也没有多么高超的技巧，但是却解决了客人的困难，为客人提供了恰到好处的服务，也赢得了客人向饭店和服务员表达的由衷的感谢。

没有哪家饭店会备有两米乘3米的大床，准备了也不一定用得上。这种特殊的客人终归是极少数，一家大型饭店也不在乎这一位客人。可是，案例中饭店的管理者和服务人员却不这么想。他们做客人之所需，重视每一位客人，把客人的需要放在了第一位。

由于特殊的身高，客人在生活上会有很多不方便的地方，以至于这位“巨人”连出差、外出旅游都犯怵，但是在这里没有使“巨

人”感到不便。使这位出差就要睡地铺的特殊客人，“除了在自己的家里之外，睡了最舒服的三天”。客人除了在身体上得到了享受以外，更重要的是使客人的心理得到了最大的满足。还有可能使这位客人只要一出差，就会想起在这家饭店的三天。

45. 一觉睡了 34 小时

◆ 案例

早晨 6 点钟，一位英国女士入住到饭店的 2520 房间。客人刚进入房间，就将“请勿打扰”的牌子挂在了客房门外的把手上。这时，夜班的服务员来为刚刚入住的客人送开水，见门上挂了“请勿打扰”牌，凭着工作经验，服务员明白，客人一定是乘夜班航班，需要马上睡觉倒时差，也就没有打扰客人，把情况写在了交班记录上。

白班的服务员上班了，客房领班要求服务员，对于早晨刚入住的客人，如果不是客人要求，尽量不要在上午敲门为客人清扫房间卫生，以免影响客人休息。

到了中午，2520 房间还挂着“请勿打扰”牌。下午两点了，还挂着。服务员向领班做了汇报。按照饭店的规定，挂“请勿打扰”牌的房间，是不允许服务员敲门的。可是，如果客人的房间一天都挂着“请勿打扰”，到了下午两点，服务员要向领班汇报，由领班往房间打电话，询问客人是否需要清扫房间卫生。这样做的目的一是要清扫房间卫生，另一方面是出于安全的考虑，防止客人在房间发生意外。于是，领班往 2520 房间打电话，电话响了几声后，客人接了电话，说今天不用打扫卫生了。领班将此情况做了记录，并向晚班服务员交待，如果晚上客人需要，随时为客人清扫房间卫生。

到了第二天，2520 房间仍然挂着“请勿打扰”牌。已经是下午两点了，客人还没有出来。服务员又汇报到了领班。领班说："客人在倒时差，估计差不多了，再过一会儿再说。"下午4点了，领班琢磨：从昨天早晨6点到现在已经过了34个小时，不管从哪个国家来的，这时差也该倒过来了。于是将电话打到房间，电话通了，可是没有人接听。再打，还没有人接。领班过去敲门，也没有人应。领班心里没底了。房间挂着"请勿打扰"牌，打电话、敲门没人应，一般有以下几种情况：一是客人出去了，不需要打扫房间卫生，也不希望服务员进房间。二是客人出去时忘记了把牌子摘下来。三是客人在房间发生了意外。

领班找来两名服务员，再次用力敲门，确认没有回音后，用备用钥匙打开了房门。房间拉着窗帘，光线有些暗。走近两步，看到客人躺在床上。叫了几声，没动静，就用手轻轻推了推。这时，客人醒了，问有什么事。领班说："您已经睡了两天了，身体有没有不舒服？需要不需要吃些东西？我们可以为您送到房间。"客人听后笑了，明白了是服务员对自己的关心，连说"谢谢"，还说："我没问题，只是时差没倒过来，谢谢你们的细心。看到客人坐起来了，大家心里踏实了。客人一看表说："幸亏你们叫醒我，我差点儿耽误了今天的事。"

评析

本案例虽是一件日常工作中的事，而且也没有出现意外，但服务人员的责任感和细心却值得回味。

首先，这位领班具备一定的服务常识和较强的宾客意识。客人第一天入住，她考虑到客人要倒时差，特地嘱咐服务员不要过早的打扫房间。她想的是客人。倒时差睡34个小时有些不正常，因为一般商务客人外出的时间安排都是比较紧的，是不可能花两天的时间在客房内倒时差的。这位领班的分析和进入房间是正确的。事实是领班起到了为客人"叫醒"的作用，要不客人就误了事。

第二,服务员和领班严格按照工作程序工作。到了下午两点房间还挂着“请勿打扰”牌,服务员向领班汇报,由领班往房间打电话并认真记录。

第三,这位领班在工作中有较强的自我保护意识。在打电话、敲门无人应答需要用备用钥匙开门时,不是自己去,而是叫上两名服务员一同前去。因为当时不知道房间会有什么情况,几个人一起去,一旦出现什么情况,能够彼此证明或帮助。

第四,有较强的应变能力。在进入房间将客人推醒后,没有说打电话没人接、敲门没人应以及打扫房间卫生的事。而是告诉客人已经睡了两天了,是否需要帮助等关心的话。客人也并没有因为服务员擅自进入自己的房间而表示不满,反而对服务员的关心和细心表示了感谢。

46. 住遍每一个房间

◆案例

来自印度尼西亚的王小姐,是某饭店的常客。由于业务的需要,每个月都要光顾一次。客房服务员和她都很熟。王小姐住饭店有一个习惯,就是每次来到饭店都住同一层楼、而且还要同一个房间。前台接待员也都知道王小姐的这个习惯,只要王小姐一来,不用说就会为她开出原来的房间。

一次,王小姐来到饭店后,在前台办理入住手续,不知是总台的服务员没说清楚,还是王小姐没听清楚,上到楼层后,拿出房卡一看,不是原来的房间。这回的房间在楼道的拐弯还要走到头,离电梯比较远。王小姐不高兴了,马上找到客房服务员,要求换到原来她经常住的房间。客房服务员对王小姐说:“今天为您开的这个房间离电梯远,比较安静。找您的客人比较多,楼道的这一头住的客人少,谈话会更方便。”王小姐一听在理,想了一下又说:“我来这里老是住一个固定的房间,来找我的人都知道。可是他们不知道我这回不住那个房间,找不到我怎么办?”服务员说:“来找您的那几位朋友我都认识,如果他们来找您,我会告诉他们您住哪个房间。”王小姐高兴了。

这时服务员又说:“如果您每次来都换一个房间,用不了多久,您就会住遍这一层所有的房间。”听了这话,王小姐来了兴趣:“好,就听你的,我要把这一层的客房都住遍。”

从这以后,王小姐每次来到饭店,都住与前一次不同的房间。只要是这一层的房间,前台服务员随便开一间就行了,也不用老为王小姐预留固定的房间。最后,王小姐还真住遍了这一层楼的所有房间。

● 评析

那位服务员在处理这件事情的过程中,运用了心理学中的“合理化”。有经验、应变能力强的服务员在遇到一些客人认为不合理的事情的时候(当然是在不损害客人利益的情况下),把客人认为不合理的事情,做出合理的解释,讲出客人乐于接受的一番道理,并且还使对方觉得很在理,在客人心理上实现了“合理化”。这种服务就是平时所说的艺术性服务。

死板的程序服务,不一定就能使客人满意。当王小姐找到服务员表示不满并要求换房的时候,那位服务员并没有按照常规的模式去做,即先向客人道歉,再马上与总台联系换房。然后再向客人道歉,表示“实在对不起,是我们没有安排好,下次我们决不会再有类似事情发生”。而是一上来就说现在这个房间的优点。因为他知道与总台联系换房是没用的,客人原来住过的房间已经住着其他客人。虽说是饭店的常客,但不是长住,又没有固定、准确的到店时间,饭店不可能长期为其保留一间房,这样会影响其他客人的使用。这样一来,前台接待员在排房时也会顺利许多。事实上也不是前台接待员排房省了事,而是王小姐和其他客人都

能够对房间满意。

服务员说，会把来找王小姐的朋友引到她所住的房间，并建议王小姐住遍所有的房间。这就是先做“合理”的解释，之后再“捧”客人。王小姐也有了从“不高兴”到“听着在理”再到“高兴了”的变化。这样做也是把“荣誉”给了客人，使王小姐无论是在自己的朋友面前，还是在服务员面前都会有一种自豪感和荣誉感。

在服务中，语言是最重要的服务工具。语言的运用和表达，直接影响着客人心理和情绪，也影响着服务质量的结果。不同的表达方式会带来不同的效果。因此有人说“服务是语言的艺术”。

那位服务员在掌握宾客心理，调整宾客情绪方面，表现出一定的水平。因此，这也是一个荣誉性服务的案例。

这个案例，虽是一件小事，但处理不好就有可能失去一位常客。饭店失去了一位固定客户，就是失去了一份固定的收入。饭店是需要一些老客户作为收入的保障的。

47. 给毛毯做个套

◆ 案例

一天晚上，一位台湾老人入住某饭店，进到客房不一会儿，老人打电话叫服务员到房间来一下。晚班服务员小杜马上来到老人的房间。“老先生，您好，您叫我来，有什么事吗?”老人问有没有棉被。小杜认为是老人怕冷，转身从壁柜中拿出了备用毛毯。老人说：“我不是怕冷，我睡觉喜欢盖棉被，不习惯盖毛毯。”

当小杜告诉老人饭店没有棉被时，老人的脸上显出了一些无奈。原来，老人用不惯毛毯，是因为身体接触到毛毯后，会感觉痒。小杜是个责任心很强的服务员，他想了想对老人说：“我有个办法，用两块床单缝在一起，给毛毯做个套，这样毛毯就不会露在外面,您的身体就不会接触到毛毯了,您看这样行不行?"老先生一听很高兴,说:"行,你还真有办法。"

办法是想出来了,客人也觉得办法好,可这时已经是晚上9点多了,工服房的师傅都下班了。偏巧这天上晚班的又是几个大小伙子,谁会缝呀?小杜向当班领班做了汇报。领班想起工服房一位师傅的家离饭店不远,于是往这位师傅的家里打电话求援。师傅马上回到饭店,按照小杜的意思,用两块床单缝了一个口袋,把毛毯装进去缝在里面。

当小杜把用床单缝好的毛毯送到台湾老人的房间时,老人高兴的说:"真是太麻烦你了,这回我就能睡一个好觉了。"为了表示对小杜的感谢,老人拿出了一瓶酒送给小杜。"没关系,这是我们应该做的,只要能让您满意就好。"小杜婉言谢绝了老人的好意。

第二天,领班把晚班发生的事向客房部的领导做了汇报,同时小杜还向经理提出了建议:可否申购几床棉被作为备用,以满足不同需求的客人。经理对小杜、工服房的师傅提出了表扬。

不久,饭店采纳了小杜的建议,购置了一些棉被。

评析

本案例中,在服务员小杜身上看到了什么是"以客人为中心"、"我之所做,客之所需"、尽己所能满足客人的需要,是一个人性化服务的典型案例。

在处理问题的时候,小杜的脑筋灵活。本来,星级酒店理应有备用的棉被,但在当时确实没有的情况下,是简单的回绝客人,还是积极的想办法解决问题。如何解决?用床单做一个套,将毛毯罩住,客人用完后再拆开,也不会损坏床单,照样还可以用。这只不过就是服务员麻烦一点。但是它使客人真正体会到了"宾至如归",感受到了祖国人民的热情和真诚。"没有做不到,只有想不到"。要做好服务工作,关键要看是不是为客人想、为客人做。只要用心去做,客人满意了,饭店和服务员也会收益。

在日常的服务当中,经常会遇到有不同生活习惯和不同需求的客人,比如有一些客人对毛毯过敏,而有些客人不喜欢鸭绒枕头,惟独喜欢荞麦皮枕头,有的客人不爱睡席梦思床,而要求睡硬板床。作为管理规范的星级饭店,应该准备一些诸如棉被、荞麦皮枕头、暖水袋等不同的生活用品,因为客人在饭店用到了在家里才能用到的东西,饭店在客人心中才会产生家的感觉。

总体上饭店的设施设备、用品和服务,正在多方位的向人性化方向变化。仅以客房做床为例,大多数客人还是觉得盖棉被比较舒服,目前在很多饭店的客房当中,已经逐渐用棉被取代了毛毯,由西式做床改为中式做床,同时依然会保留一些毛毯,以满足不同喜好的客人需求。

要使宾客高兴而来,满意而归,光凭标准的、严格的规范化服务是不够的,只有在规范化的基础上,逐渐开发和提供个性化服务,才能给客人以惊喜,才能让客人感觉到"宾至如归",才能使客人"留连忘返"。

48. 客人的书乱了

◆ 案例

小张是一位责任心很强、工作非常认真的客房服务员。小张的工作是清扫客房卫生。他在工作时不但将客房打扫得干干净净,在清扫卫生的同时,还将客房内饭店的物品和客人的物品进行整理,摆放的整整齐齐,客人一进房间就感觉很舒服。他经常受到领导的夸奖和宾客的表扬。

一天,小张所在的楼层住进了一位德国客人。第二天客人出去后,小张来清扫客房卫生,进到房间一看:好家伙!客人用过的餐具、衣服、鞋,还有很多的书,扔得一天一地,简直就没有下脚的地方。

小张开始整理房间，拉开窗帘，做床、倒垃圾、吸尘、补充文具用品，然后开始清理卫生间，擦镜子、洗刷卫生洁具、换毛巾。餐具是餐厅送上来的，再送回餐厅；西服衣裤挂进壁柜；睡衣裤叠整齐，放在枕头下；地上乱扔的鞋配上对码放在行李柜旁；桌上、床头柜上的书也整齐的摆放在写字台上。经过一个多小时的清洁整理后，房间变了个样。看着自己整理完的整齐、干净的客房，小张像是在欣赏自己的作品，然后带着一种成功的喜悦去清扫下一间客房了。

晚上，这位德国客人从外面回到饭店。刚进房间不一会儿，就来到服务台对值班的服务员说：他的东西被人动乱了。房间整理得那么整齐，客人怎么还说乱呢？这是怎么回事呢？原来，这位客人是德国著名的一家公司的工程师，晚上要阅读和查阅很多资料，所以他看过的书都随手放在床头柜和桌子上，晚上回来想要看书，可是由于服务员在打扫卫生时，将打开的书全都给合上了，这回书是整齐了，可客人再想看时，找不到原来的页码了，付出了劳动却没有给客人带来方便。

要强、细心、好动脑筋的小张在以后的工作中很好的解决了客人看书的问题——在客人打开的书的页码上夹上一份饭店介绍。

评析

这个案例，是细微服务的一个典型案例。案例中的情况，在客房服务中会经常遇到。服务员面对客人的物品，整理也不是，不整理也不是，很难办。如果不整理，客房经过清扫后仍然会显得很乱，客人回到房间也难有干净整洁的感觉。如果整理客人的物品，房间倒是整齐了，可是就有可能发生类似本案例的情况。对于小张这样责任心强的服务员，不整理，从自己的心里也过不去，可能有人会说：小张的事其实不管反倒没事了。

小张的做法，应该说是对的。表现了他的责任心和工作热

情，如将西服挂进壁柜，睡衣叠放整齐，都是细微服务的体现。可是小张在“细微”上做得还不够“细”，他只想到了房间物品，视觉上的整齐、干净，而没有从对方——客人的角度去想。客人再次看书时找不到原来所看的页码，所以才会出现，小张把客人的书码放整齐了，而客人说“他的东西被动乱了”的情况。

小张对这个问题的解决方法是，在打开的书里夹一张饭店介绍，然后把书码放整齐，这既解决了房间显得凌乱的问题，又使客人在看书时能马上找到自己所看的页码，起到了书签的作用。另外，客人离店时，很可能把饭店介绍一起拿走，也起到了对饭店销售、公关和广告的宣传作用。

成功的服务往往是注重每一个细节。服务中受益的不只是客人和酒店，作为优质服务的创造者，服务员也从中得到自我满足，正像案例中的小张欣赏自己整理后的房间一样。服务员的每一次服务过程，就是一次创作过程；每一次服务的完成，就是完成了自己的一件作品。

49. 自己都不知道的生日

◆ 案例

1994年，第四次世界妇女大会在北京举行，世界各国的记者也云集北京。北京某饭店在大会期间，共接待了20个国家的近百名各种媒体记者。

这天晚上，已经是23点了，在外工作了一天的记者们才陆续回到饭店。住在611房间的是一位意大利小姐，她是意大利一家报社的记者。611房间的客人刚刚回到房间，听见有敲门声。这位客人感到奇怪：这么晚了，是谁呢？当她打开房门的时候，只见服务员一只手托着一个生日蛋糕，举到了她的面前。客人还在愣神，服务员唱着英文的“祝你生日快乐”走了进来。“这是怎么回事?”客人有些发懵。“今天是您的生日。”服务员说。“你们怎么知道今天是我的生日?”客人恍然大悟地问服务员。“我们是通过您的入住登记单知道的,今天是您在我们饭店度过的生日,祝您生日快乐!”

听完服务员的话,客人显得非常激动:“我自己都忘记了今天是我的生日。我每天都要出去采访,晚上还要写稿子、发稿子,真是太忙了,生日的事我根本就没想起来。我由于工作的原因,不能和家人一起过生日,没想到你们为我送来了生日蛋糕。这里真像我的家一样,你们就像我的家人。这个生日会使我终生难忘!”说完后,客人一把抱住服务员,给服务员的脸上送上了一个吻。意大利小姐的这一吻,弄得小伙子满脸通红,站在那里有些不知所措。

评析

这是一个超常服务与感情服务的案例。

常规服务只能满足宾客住店的一般需求,而不能满足客人个性和感情方面的需求。饭店在管理上都追求优质服务。优质服务的概念就是:标准化服务+感情化服务。感情化服务是通过对客人体贴入微的服务体现出来的。

案例中的这家饭店是通过客人的入住登记单发现客人的生日的,是在客人在外工作了一天后,是在“我自己都忘记了今天是我的生日”的情况下把生日蛋糕送过去的。客人见到蛋糕是意外、是惊喜、是亲切、是感激。从客人的“一抱”“一吻”中,也充分表达了客人当时的心情。在客人看来只有自己的家人或者是最亲近的人才会记住自己的生日。现在客人虽身在异国他乡,却在饭店体验到了家的温暖。此时,客人一天工作的劳累也一定消失了。难怪客人会激动得抱住服务员亲上一口。

为客人送生日蛋糕,看似一件很普通的小事,但这对于客人的情感来讲就不是小事。这就是感情服务的超常之处,体现了饭

店的管理和服务之精细。

在遇到与客人的国度、习俗相适合的节日，遇到客人的生日、新婚、演出成功、谈判成功等喜庆的时机，为客人送上生日蛋糕、鲜花、巧克力、贺卡或者其他一些小纪念品，都是在经营服务中可以采用的方法。这在饭店中做起来并不是什么难事，也不会有多大的支出，可是对于客人的满意度以及饭店的声誉却并不小。

给客人提供情理之中、意料之外的服务，是客人获得意外惊喜和难忘的享受过程，应是饭店从业人员的追求。规范化服务是标准，而充满人情味的个性化和特色服务，给客人以细致入微的体贴，使客人产生尽在不言中的愉悦，才是饭店的服务之魂。

50. 索赔的艺术

◆ 案例

某饭店的604房间住着日本客人山田一家。山田先生是一家日本公司驻北京办事处的长住代表。由于是在北京长住，所以山田先生把夫人和孩子也从日本接到了北京。山田先生每天白天去公司上班，山田夫人则在饭店照看孩子。山田有一个四五岁的儿子，是一个惹人喜爱而又有些调皮的男孩儿。

一天，山田先生出去上班了，儿子在客房的楼道里玩耍，山田夫人坐在房间里看电视。一位服务员正在一间客房内做客房清理工作，工作车放在了房间门口。这时，谁都没有注意到山田的儿子跑了过去，推起工作车玩了起来，工作车一下撞在了电梯间的屏风上面，把屏风撞掉了一块漆。这时服务员看到了，马上查看碰到了小男孩没有，并马上到604房间找来了正在看电视的山田夫人。随后服务员及时把这一情况向领班做了汇报。在确认了没有伤到小孩后，领班告诉山田夫人，对于撞坏的屏风是需要赔偿的。

山田夫人一听要赔钱,有些不高兴地说:“就撞坏了那么一点儿,再说小孩子也不懂事,不应当赔偿。”(由于长期在中国生活,所以山田夫人的中文讲得很好)领班为难了:饭店的财产损坏了,并且是非正常使用造成,应当索赔。可是山田夫人不愿赔偿,弄不好还会把客人惹恼,那就不好办了。

领班想了想客气地对山田夫人说:“没关系,您先照看孩子,等晚上山田先生回来再说吧。您的孩子力气真大,服务员用的工作车,他一下就能推动。另外赔偿多少钱是小事,如果把孩子碰伤就麻烦了。”山田夫人听完这话,表情马上变了,并说:“其实撞坏了就应当赔,要不你们也不好跟上司和饭店老总交代,我也别难为你们,看看需要多少钱? 这事就别再和山田说了。”

经领班请示客房部经理,向山田夫人收取了 200 元人民币作为赔偿。

● 评析

山田夫人为什么一开始不愿意赔钱,而在领班说完一番话后,又主动要赔钱呢?

山田的孩子把屏风撞坏,为了维护饭店的利益,是应当让客人赔钱的,而且饭店也有相应的规定。但是山田夫人以孩子小不懂事为由不想赔钱。这位领班反应很快,想出了好办法。

山田先生去上班。身为全职太太的日本妇女山田夫人,对于山田先生来讲,其任务就是在家里看好孩子。孩子撞坏了屏风,说明夫人没有照看好孩子。如果领班把孩子惹祸的情况,告诉山田先生,山田夫人就无法向先生交代:连孩子都看不好。当领班说要和山田先生说,山田夫人怕先生知道后怪罪,因此就“主动”赔偿。说不定还会感激领班没有将事情告诉山田先生呢。

干服务工作要有敏捷的思维和快速的反应,掌握客人的心理,用恰到好处的方法处理各种事情。既不得罪客人,还要使客

人满意，同时还要维护饭店的利益。在饭店接待服务工作中，类似索赔的事情有很多，诸如客人将客房的毛巾带走，损坏了客房的物品，吸烟烧坏了床罩、毛毯等问题，用艺术的方法和语言索赔，比起直接索赔效果要好得多。

比如客人到前台结账退房，服务员在检查房间时发现客房的毛巾少了一条，服务员到前台向客人询问有没有将毛巾带走，如果丢失或者带走，是需要赔偿的。客人说没有看到，也没有带走，毛巾就在房间里。如果服务员说我们已经检查过房间了，就是没有。那么可能客人就会说：那你的意思是我给拿走了，我的行李都在这里，你来检查吧。服务员检查客人的行李是不可能的，事情到了这种地步就不好办了，就有可能出现僵局。

可是如果服务员在语言上换一种方式，做到艺术一些，事情就有可能会是另一种结果。服务员："对不起先生，您的房间有一条毛巾我没有找到。"客人："应该就在房间里。"服务员："那是不是掉到什么地方，或者是和什么东西混在一起了我没有发现呢？"客人："那有可能，我再回去找一找。"这时服务员一定不要与客人一起进入房间，客人回到房间后通常就会"找到毛巾"，并且有可能还会对服务员表示一些"不满"：我怎么一下就找到了？还耽误我的时间。这时服务员应注意不要过多解释，而是要主动承担责任：对不起，是我没有找到。面子给客人了，问题也得到了解决。可是如果服务员与客人一起进入房间，毛巾就很可能"找"不到，事情也会处于尴尬境地。

而对于类似像带小孩、身体有残疾以及年老行动不方便的客人，服务人员也应该在服务中考虑得更多一些。出现由于损坏饭店物品而索赔，或者是造成客人伤害后的处理，终归是被动的，重要的是如何预防事情的发生。

51. 绣着名字的浴袍

◆ 案例

在北京某饭店客房部的客务中心，有一个挂衣服的衣架。在这个衣架上，挂着一件罩着塑料袋的浴袍。从外表看，这件浴袍和客房里配备的客用浴袍没有什么两样。可是仔细一看，在浴袍的左胸前绣着名字。这是客人存在这里的吗？不是，这就是饭店里为客人提供的浴袍。可是这件浴袍为什么挂在这里，为什么上面还绣着名字呢？这里面还有一段故事。

两年前，欧洲某大报社的一名记者杨女士，她是一位法籍华人，由于工作需要住进了这家饭店的一间套房。杨女士进到房间后，马上把客房服务员叫到房间，就像卫生防疫站的工作人员一样，带着服务员开始检查房间的卫生。

茶、饮具让服务员拿去重新消毒，房间地毯要重新吸尘，卫生间的面盆和浴盆要重新洗刷消毒，毛巾要全部换成新的，床上的毛毯她认为不干净，要换成棉被，浴袍也要换成新的。服务员心里明白了，这位杨女士可能是一位有“洁癖”的客人。服务员将客人的要求记下来，走出房间向领班做了汇报。经部门同意后，她马上按照杨女士的要求干了起来，直到杨女士满意为止。最后杨女士还吩咐服务员：她房间的卫生每天要正常清扫，但毛巾、床单、浴袍都不要更换，即别人用过的东西她不用，她自己用的东西不要换，直到离开饭店为止。

杨女士住了一周后，满意地离开了饭店。在杨女士离开饭店不到一个月后的一天，杨女士把电话打到了饭店的销售部：还要订一间和上次一样的套房，还要按照上次的要求准备。销售部随即把这个信息转到了客房部，请客房部提前做好准备。

两天后，杨女士再一次来到了饭店。当她进到房间后，正要

像上次一样把服务员叫来“检查”房间卫生，按照她的要求布置房间时，她看到床上的毛毯已经换成了棉被；到卫生间一看，毛巾全是新的；再拉开壁柜，一件新浴袍挂在那里，并且在浴袍的左胸前还绣上了自己的名字。看完后，杨女士还是打电话叫来了服务员。这回她不是让服务员重新搞卫生，而是要当面表达谢意。杨女士说：“由于职业的原因，经常要住饭店。但是因为我爱干净，住在哪里都不放心，这回可有了让我放心的地方了。你们的服务真是太细致了，就像到了家一样，我以后就住这里了。”

从这以后，杨女士每个月都会下榻这家饭店。当杨女士离开后，那件绣有杨女士名字的浴袍就挂在了客务中心的衣架上，成了杨女士的专用浴袍。后来杨女士的亲属和同事到北京来也都住在这里。

评析

针对性服务使标准化服务提高了层次。但是针对性服务并不难做到，惊天动地的针对性服务内容并不多见，这主要体现在意识上。只要了解和发现了客人的特点和特殊需求，并付诸行动，就是做到了针对性服务。

为再次入住饭店的客人提供个性化服务，以前主要是在培训中知道的。如泰国曼谷的东方饭店，为客人准备专用的睡衣、信纸、信封甚至火柴。但是本案例中的这家饭店也做到了。案例中有洁癖的客人每次入住都要求使用新毛巾、新床单，从表面看是存在饭店的成本问题。饭店是经营性企业，必须要考虑成本、费用。但细想则不然，因为即使杨女士不住这个饭店，客房也是每个月都要投入新的毛巾、床单。另外单从费用来看，由于杨女士入住饭店期间，房间所有的棉织品都不用更换，因此不但不会增加费用，反而会节省洗涤费用。另外，杨女士每个月都要来饭店，如果加上杨女士带来的家属和同事的因素，不论是对于客人还是对于饭店，客房部所做的是非常“值得”的，关键就看服务人员是不是肯用心思。

为客人提供了什么不是主要因素，其实这是一种心理服务。客人认为住在这里放心，感觉服务细致周到。这就取得了客人对饭店的信任，赢得了客人的心，使客人获得了贵宾的荣誉感，为饭店留住了回头客。饭店业的竞争已经相当激烈，要赢得客源，必须要把服务做活、做细。而客人一句“就像到了家一样”，这其实是对饭店非常高的评价。

52. 把面子留给客人

◆案例

下午5点多钟，已经是快要下班的时间了，客房行政楼层的主管还是按照老习惯——在整个楼层巡视一遍。看一看垃圾道锁好没有；服务员清扫完房间卫生后，客房的门是否都关好；工作间及工作用具是否都收拾好；顺便再看一看公共区域的卫生。

忽然，听到从服务台传来一阵客人的吵嚷声。主管不知道发生了什么事，往回走了几步，看见一位国内客人用手指点着服务员说着什么，显得很是生气的样子。接待服务和处理事情经验丰富的主管没有马上走过去，而是用工作钥匙就近打开一间没有住客的客房，从房间里往服务台打了一个电话。当时在服务台有两名服务员，一名服务员拿起电话说：“您好，这里是行政楼层。”主管对着话筒说：“你不要讲话，在电脑里看一下这位客人的资料，然后马上到我这里来。”服务员放下电话，迅速地查阅了一下电脑，然后到了主管所在的房间，将客人的情况向主管做了简要的汇报。主管基本了解了这位客人吵闹生气的原因，还知道了客人曾在这里住过一次。

问清了这位客人的姓名和房间号，主管从房间快步走向服务台，表现出和客人很熟的样子：“这不是李先生吗？怎么啦，生这

么大气？有什么事您跟我说。”客人对主管说：“我中午出去办事回来晚了，她说我退房过时间了，要加收我半天的房费。我经常来饭店住，我说算了就别加收了。她说这是规定，没办法。说话的态度还不好。”这时那位服务员还在说：“当天房费的计算是到中午 12 点，过了 12 点就得加收半天房费。现在已经下午 5 点多了。”主管马上止住了服务员的讲话，说：“你可能没跟李先生讲清楚，李先生经常来咱们饭店，怎么结房费还会不清楚吗。李先生也不会在乎这半天的房费，关键是你要和李先生好好说。赶快结账，别耽误李先生的时间。”李先生说：“就是，我也不在乎这半天房费，就没她这么说话的，我不付房费就是冲她这说话的态度。”这时服务员问主管：“主管，李先生的房费怎么结?”主管说：“你问李先生。”李先生接过话来豪爽的说：“我不是说了吗，我不是为了钱，就是冲你这说话，加上半天赶紧结了吧。”

趁结账的工夫，李先生对主管说：“我老来这里，他们都认识我。这个小孩儿是不是新来的?”主管说：“对，我们都认识您，她是新来的，我们一定多加教育。”这时账结完了，主管把客人送进了电梯回房收拾行李。

过了大约一个星期，李先生又住到了行政楼层。

评析

饭店不受损失，客人又满意，这是处理问题的最佳结果。那么本案例为什么会有这样的结果呢？关键是研究客人心理，在处理问题的过程中把“对”让给客人，把面子留给客人。

其实主管本身并不认识这位李先生，他是在听到服务台的吵声后，先打电话简单地了解了情况，做到了心中有数。如果按照一般的模式，主管过去后再问情况，客人再次叙述还有可能增加火气和客人的厌烦情绪。主管过去后叫出“李先生”，对事情的处理起到的作用并不小。这样，客人会觉得在服务员面前有了面子：你看，你们的领导都认识我。再一捧他不在乎这点钱，客人顿时觉得脸上有光。

超过中午 12 点加收半天房费是饭店客房的计费方式,更何况已经是下午 5 点多了,如果超过下午 6 点,就要按一天计算了。其实这一点客人也是清楚的,作为一个消费者能少花钱就少花的心理是很正常的。同时,客人有时住高级饭店在某种程度上就是有一种讲排场、要面子的因素在里面。服务员在与客人接触时要注意给客人台阶,客人下不来台,就不好办了。主管在处理问题时说服务员没讲清楚,就是把“对”让给了客人。对于客人,特别是在公众场合,有时面子比钱更重要。有的客人在饭店发生了不愉快,以后就不会再来了,可李先生此后还住这里,就是因为有了面子。

因此,培养服务人员处理事物的应变能力和语言的艺术性是非常必要的。

事实证明:我们把面子留给客人,是对客人最大的尊重。

53. 给大提琴用的加湿器

北京的冬天气候干燥,在室内,由于空调或暖气的作用,更会使人感到不适。在家庭中人们会使用加湿器来解决这一问题。饭店的客房一般是不配备加湿器的,可是在北京某饭店却有了一个“大提琴使用加湿器”的故事。

一位著名的美国大提琴家来北京的中央音乐学院讲学,并举行专场演奏。由于正值北京的冬天,饭店的客房内有空调,因此室内温度较高而且很干燥。在这种情况下,人倒可以用勤洗脸、多喝水的方法得以缓解干燥。可是大提琴在这种环境下,有可能会因为空气干燥而发生琴体开裂,使大提琴受到损坏。

到饭店的第一天,客人找到客房服务员,询问饭店有没有加

湿器可以借给他使用。服务员歉意地告诉客人没有。第二天早晨，客人到楼下用餐，这时服务员来为客人清扫房间卫生，进到房间一看，大提琴放在卫生间内，浴缸里放了满满一缸水，而且面盆的水龙头还在流着水。服务员不明白是怎么回事，把这一情况向领班做了汇报。看到这一情况，领班想起了前一天客人询问加湿器的事。原来由于没有借到加湿器，客人把大提琴放在浴室内，把浴缸放满水、打开龙头，是为了提高室内空气的湿度，防止大提琴干燥开裂。

领班又"不敢"把水龙头关上，就将此情况向经理做了汇报，经理听了领班的汇报，当即决定购买一台加湿器放在客人的房间。音乐家晚上回到饭店，进到房间看到桌子上冒着"白气"的加湿器，马上找到服务员当面表示道谢。并告诉服务员，这把琴是他的宝贝，价值上百万美元。

一周后，当客人结束讲学将要回国的时候，特地通过接待单位转来了一封感谢信，还有一张录有大提琴家自己演奏的乐曲的CD唱片。

● 评析

这是超值服务之个性化服务的一个案例。饭店的客房没有加湿器是常见的情况，所以客人只是抱着试试看的心理问了一下服务员有没有加湿器。可由于大提琴是音乐家的"宝贝"，非常昂贵而且娇气，客人才自己想出了"高招"，放水加湿。客人对饭店没有加湿器虽然没有表示什么不满，可这反映出饭店在服务功能和对可能出现的各种问题上思路还不够宽，想得还不够细。作为星级饭店，常用物品应该准备，可能出现的问题应该想到。客人对饭店服务的"满意"和"没有不满"是不一样的内涵。

个性化服务是使常规服务上升到优质服务的砝码，个性化服务往往是令客人难忘的。在此案例中，好在客房部的领导发现这一情况后，果断地决定购买一台加湿器。这对饭店来说算不得什

么,可对于客人来讲是意外,是激动,而且是难忘的。这使客人感受到了超出其期望的服务,从而使客人感到非常满意,为客人提供了难忘的心理享受过程。

由于气候的原因,北京的冬天是多风干燥的。饭店的客房供暖通常较好,因此会更加干燥。一些来自南方的客人很不适应,常常是口鼻发干,甚至上火流鼻血。这时为客人的房间送上一台加湿器,是非常及时和必要的。客人除了身体上的感受,在心理上会是怎样?因此,饭店为大提琴买的加湿器在日后的接待服务中使用率会是很高的,作用也是很大的。

为需要的客人提供加湿器是一项有效的针对性服务措施。这是北方的饭店应当借鉴的,这也是为饭店自己的"投资"。但是从更根本、更长远的角度考虑,饭店中央空调系统的加湿功能是应该具备的。

54. 以规范和技巧应对"骚扰"

案例

一天晚上,客房服务中心的电话响了起来。值班文员接起电话:"您好,这里是客房服务中心。"原来是住在 1005 房间的客人想要洗衣服。文员放下电话,用对讲机通知了晚班服务员小赵。

小赵听到呼叫,立刻来到了 1005 房间,规范地敲了敲房门。客人打开房门,住在该房间的客人是一位男宾。小赵礼貌地向客人问了好:"晚上好,先生。"客人对小赵说:"请进,我这里有一些衣服要洗。"边说边要顺手关门。客人在说话中带有明显的酒气。小赵礼貌地说:"您请坐,我来吧。"然后规范地随手把客房门打开轻推至吸门器。随后小赵进到房间,询问着客人对洗衣的要求。在帮助客人清点核对后把衣服装入了洗衣袋,小赵将洗衣单和笔递到客人面前,请客人签字确认。

客人接过洗衣单和笔时，笑着对小赵说："哎呀，小姐的手好白、皮肤好细呀。"客人说话中带有明显的挑逗成分。小赵平静而礼貌地对客人说："先生，如果没有其他事情，请您在洗衣单上面签一下字。"客人又问："小姐几点下班？等你下班以后，我请你去歌厅唱歌去吧。"这时小赵的内心有些紧张。但是有经验的小赵，仍以不卑不亢的、平静而不失礼貌的语气对客人说："对不起先生，谢谢您的邀请。下班后我们必须回宿舍，宿舍要点名的。另外明天还要上班。如果没有什么事情，请您早一点休息吧。您的衣服我们会按照您的要求洗好后，给您送回房间。"客人站起身来，走到小赵面前说："没关系的，只是出去放松放松嘛。"

正在小赵有些不知所措的时候，小赵手中的对讲机响了起来："小赵，我是服务中心，你那里的客人还有什么需要帮忙的吗？完事后请马上回服务中心，这里有客人需要送开水，听到请回答。""那好吧，先生，我这里还有工作，祝您晚安。"小赵马上借机走出了1005房间。

回到客房服务中心，小赵问值班文员哪个房间的客人要送水。文员说："没有客人需要开水，我是看你去1005房间时间比较长了。这个房间住的是一位男客人，我怕出什么问题，就呼叫了你一下。"小赵听了，为文员的细心和机智使自己及时脱身而感到敬佩和感激。

评析

在饭店日常的接待服务工作中，常常会遇到一些客人对服务员的品头论足与调侃甚至"骚扰"，尤其是在客房服务的女服务员遇到的这种情况会多一些。

客房区域的工作，与在前厅处在公共区域的岗位，和在团体协作环境下服务的餐厅岗位有所不同。客房服务员基本上都是以个体为单位，并且是在需要进入客人的房间或与客人单独接触的环境下工作。所以在客房工作的服务员，特别是女服务员，在用心为客人服务好的前提下，就更应具备一定的警惕性和自我保护意识。而在遇到案例中的情况时，往往也能检验出一个服务员面对形形色色的诱惑的抵御能力、综合素质、应变能力和服务艺术水平的高低。

在日常的接待服务中，我们会遇到形形色色的客人，虽然绝大多数的客人具有较高的素质修养，但是每个人的素质终究是不一样的。由于我们是为客人服务的，因此我们也无法选择和要求客人什么。

那么，客房服务员在工作中如何才能避免“骚扰”事件的发生？遇到“骚扰”时又如何应对呢？

在客房服务中，女服务员要避免和应对“骚扰”，主要应从以下两个方面做起。

第一要做到的是：规范。

规范的内容包括：

着装规范：服务员上岗要按规定着工服、鞋袜，工服、鞋袜要干净、平整、挺拔。领口、袖口不露内衣，纽扣扣齐，服务牌号戴在左胸前。

仪表仪容规范：发型短发整齐、长发盘起，不戴色彩鲜艳、形状特殊的发卡；面部着淡妆，切忌浓妆艳抹，不佩带首饰，不染指甲。

语言规范：在对客服务的各个环节和场所，都要使用服务用语，语音语调适中，面带微笑，态度不卑不亢。在与客人交谈时，不要谈与工作无关的话题、不要跟客人开玩笑，以免显得轻浮，给客人造成错误的“诱导”。

行为举止规范：与客人说话时，不能指手画脚。在服务主动热情的前提下，要做到自然、优雅、规范、适度，注意与客人距离适中。

服务操作规范：服务员进入客房为客人服务时，要将房门敞

开，不能将房门关闭，不能落座。如遇客人邀请，应礼貌地谢绝。服务完毕后，不在房间逗留。服务员因客人需要到房间服务，应了解该房间住客的性别，同时服务中心的值班文员或其他服务员要清楚，并做好工作记录。

第二要靠服务技巧。

服务技巧也可以说是服务艺术。

作为一名优秀的服务员，不仅仅要有娴熟的服务技能，在遇到特殊情况的时候，还应做到头脑清楚、随机应变。在服务中，既要做到主动热情，还要注意掌握恰到好处、不卑不亢的态度。

如案例中的服务员小赵，就表现得非常机智。在客人要关门的时候，小赵“随手”把门打开推至吸门器。当客人用语言试探和“挑逗”时，小赵用转移目标请客人签字、说下班后宿舍点名、明天要上班的方式拒绝，不给对方机会。

另外同事间的协作配合也是恰到好处，比如服务中心对于小赵的工作去向非常清楚，小赵到客人房间时间比较长了，用对讲机呼叫，告之有其他工作，也使得小赵能够得以及时“脱身”，并且时机、理由恰当，使同事避免受到“骚扰”。如果呼叫没有回应，服务中心应派人前去查看。

在晚上遇到有醉酒的客人需要帮忙时，在人员条件允许的情况下，应尽量选派男性服务员前去，同时还要避免服务员单独陪同客人进入客房，以免引起不必要的麻烦。对于一些客人无理的要求或酒后失态，服务员要保持良好的心态及一定的忍耐精神，不能和客人发生冲突。对于个别客人出格的行为，可利用对讲机呼叫并及时向上级直至保卫部汇报。

通过对本案例的分析，我们可以总结出的是：以规范和技巧应对“骚扰”。

55. 中国式的婚礼

案例

几年前，随着日本电影《追捕》在中国的放映，电影中的男女主人公杜丘东人和真尤美也在中国家喻户晓，给观众留下了深刻的印象：杜丘的深沉、冷俊，还有真尤美的美丽、敢爱敢恨。

几年后，日本著名的电影明星、电影《追捕》当中真尤美的扮演者中野良子，将要到中国度蜜月。当时中野良子正在中国走红，能够接待名人入住，也是众多高档饭店所求之不得的，对饭店知名度的提高甚至有着广告所不可替代的作用。得知这一消息后，中国某城市的多家饭店展开了多种形式的公关活动。

中野良子的经纪人将经过初步筛选的几家饭店的接待方案摆到中野良子面前，中野良子所选择的不是四星级和五星级的饭店，却出乎预料地选中了一家名气不大的三星级饭店，而且这家饭店并不是一家设施豪华的新饭店。

饭店为中野良子夫妇举行了中国式的婚礼，并且为她们精心布置了新房。

客房内换上了红色窗帘，窗户上帖了大红双喜字，床头挂起了红色幔帐，床上放的是绣着鸳鸯图案的枕头和红缎面的棉被。细心的服务人员还没有忘记按照中国的婚礼习俗，在床上撒了一些寓意早生贵子的红枣、花生和栗子。

在为中野良子布置的客房主墙上，还帖上了一副对联：

上联是：富士山头紫燕双飞白头偕老

下联是：黄浦江畔桑凤和鸣永结同心

富士山、黄浦江说明了客人来自日本，在中国举办婚礼；紫燕的说法，是因为饭店事先了解到了中野良子喜欢穿紫色的裙子；桑凤表明了新娘来自日本；对联本身，则显示了中国的传统文化

特色。

中野良子夫妇进到新房后，已经兴奋得说不出话来……

中野良子在以后所写的文章中，也提到了关于中国式婚礼的内容：……我在×××饭店度过了意外的、欢喜的一夜。

从此，这家名气本不大的三星级饭店名声大振。

评析

这是一个成功的艺术性服务案例。

饭店的设施和档次固然重要，但有时又不在于饭店多么高档豪华，而在于其服务的精细和特色；这又来自于饭店服务人员的用心、服务人员的精心劳动。有效的、具有针对性的服务，还来自于服务人员用心、准确的捕捉客人的各种信息。

案例中的这家饭店对著名电影明星中野良子的服务和接待迎合了客人的心理和兴趣，甚至连客人喜欢穿紫色的裙子的习惯都了解到了，使客人受到了尊重。这其实又是一种感情服务。饭店服务对于客人来讲，感情上的需要、心理上的享受，是用金钱换不来的。

外国客人比较重视节日、生日、纪念日的庆祝。饭店及客房部的管理人员及服务人员将中国传统的婚庆文化，融入饭店的接待服务中，给客人留下了难忘的美好回忆。

在一定意义上讲，对于最佳饭店来说，优质、高效、细致的服务，甚至比豪华的设施更重要，这也是这些饭店吸引如此众多的贵宾再三光顾的原因所在。在这些饭店里，服务员对客人服务时，就是特别注意心理因素。

有时客人到了某一家饭店，虽然只是“度过了意外的、欢喜的一夜”，但是在客人心里绝不是一夜的概念，这种作用是广告作用不能替代的。

第四篇
用心篇

56. 我喜欢睡外侧床

◆案例

晚班服务员正在进行开夜床服务，服务员 A 来到 509 房间。房间里住着一位女宾。服务员 A 敲了敲门，征求客人意见后走进房间为客人开夜床。按照开夜床的惯例和要求，当房间只住一位女宾时，应开里侧床（靠墙一侧的床），于是服务员 A 就掀开了里侧床的床罩。这时正在看电视的客人对服务员说："请帮我开外侧的床，我喜欢睡外床。"服务员 A 听了就将已经掀开的里侧床整理好，然后按照客人的要求为客人开了外侧床。

第二天，服务员 B 上晚班。开夜床时 509 房间的客人不在房间。因为服务员 A 没有把 509 房间客人的要求写在工作记录上交班，服务员 B 并不知道，仍然按照惯例开了里侧床。

次日早晨起来，509 房间的客人外出办事去了。负责清扫房间的服务员进到 509 房间后，看到客人睡的是外侧床，而昨晚开好的里侧床客人则没有用过，服务员除了把客人用过的外侧床换了床单，还将里侧床重新恢复。

●评析

开夜床服务是一种高雅而亲切的服务形式。其意义在于：方便客人休息就寝；使客人感到舒适、温馨；表示对客人的欢迎和礼遇规格。

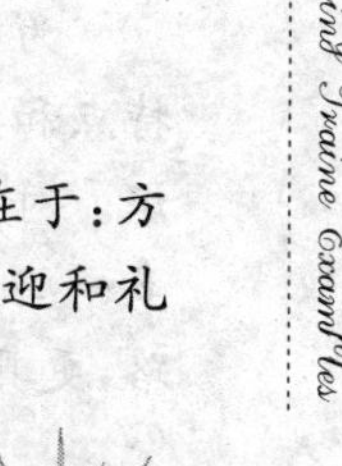

开夜床服务同其他任何服务一样，有其规则和要求。以设有两张单人床的标准间为例：当该房间只住一位男宾时，开外侧床；只住一位女宾开里侧床；住两男或两女两位同性别的客人时，分别开两张床的同一侧；如果是住一对夫妇则两床对开。还应特别注意的是，房间只住一位客人时，每天要开固定的床位。不能今天开这张床，明天开那张床。

服务就是为了使宾客满意。因此，宾客不满意的服务，也就不能称其为服务。开夜床有规则、有要求，但这是根据客人的需求总结出的规律，是对服务员的要求，在实际工作中还要视客人的具体要求而定。客人没有特殊要求时，要按标准操作；当客人提出具体要求时，就要按照客人的要求去做，尊重客人的生活习惯。遇到这种情况，服务员应把客人的要求写在工作记录上，并向其他班次的人员做好交接班，以便其他服务员在操作时都能了解和满足客人的要求。

再来分析上面的案例：第一天，服务员 A 为客人开夜床时，已经知道了客人对于开夜床的要求。而第二天，服务员 B 却不知道，还是按习惯操作。这样还不如不开，因为开了的床客人没用，客人睡的床是客人自己开的，还给第二天清扫卫生的服务员增加了工作量。

有些饭店为了体现对客人的尊重、使客人方便，要求服务员清扫客房时注意观察，记录客人睡过的是哪张床，第二天就开客人喜欢的床。其实，饭店中类似的服务有很多，如观察客人喜欢的空调温度、电视频道、物品摆放的位置等，这些地方都能够体现对客人的关注、服务的精细，而使客人感到方便、舒适。

为了使服务做到具有针对性，服务员应把已经知道的客人的特点和要求，认真地做好记录并交接班。服务员之间应有共享意识。对于工作、服务、客人需求、特点以及设施设备的使用等方面多一些交流，互相提醒，以达到“共享”。这样，服务才能少走弯路，更具有针对性，客人才能享受到应享受的服务。

只有我们去关心、关注客人，客人才能给我们真情的回报，才能稳定客源，才能使饭店和个人增加收入，为企业创造好的经济效益和社会效益。

57. 客人为什么要自己续水

◆ 案例

一天下午，某公司将要在饭店举行谈判，签定一个项目合同。参加谈判的客人陆续到场了，服务员的服务中规中矩，为每一位走进会议室的客人引路、接衣、拉椅让座，并沏好了茶水。会谈开始后，服务员退出了会议室。

过了40分钟，会谈还在进行。服务员进入会议室为客人续水。但是在服务员走进会议室时，所有的客人全部停止了说话，室内非常安静。当服务员续完水退出会议室时，谈判又继续进行。过了一会儿，该上热毛巾的时候，服务员又进入会议室为每一位客人递上了散发着香味儿的热毛巾，所有客人又停止了说话。

又过了40分钟，服务员再次为开会的客人续水，会议室内又是一片安静。这时，会议主办方的工作人员对服务员说："小姐，请把暖瓶放在那里，如果需要续水，我们自己来吧。"服务员说："没关系，这是我应该做的。"客人有些不耐烦了，"你一次次的进入会议室，影响我们的谈判。"到这时服务员才明白为什么自己一进来续水，客人就都不说话了。这是因为客人受到了打扰，更重要的是客人不希望服务员听到谈判内容。

● 评析

规范服务，掌握工作标准和程序，是对服务员的基本要求。但仅仅做到规范服务是远远不够的。服务质量的好坏，就是看客

人是否满意或满意的程度。死板的程序服务不一定能够使客人满意。而是应当以规范化服务为基础,为客人提供有针对性的服务。提供服务是为了满足客人的需求,客人不需要的服务、甚至影响了客人正常活动的服务就不称其为服务。

会议室里客人正在进行会谈,有些客人并不介意服务员的存在,而有的客人是不希望服务员听到会议内容的,所以本案例中为会议服务的服务员每次进入会议室续水时,客人都会停止会谈。服务员的本意是为客服务,实际上是打扰了客人,使会议几次中断。可是服务员在服务中却没有意识到这种情况,只是按部就班地提供机械的服务。

在接待会议时,服务人员应尽可能地了解和掌握客人的资料。在会议开始前与工作人员接触,征求意见,了解客人和会议有无特殊要求,做到对症下药,才能使服务恰到好处,真正做到我之所做客之所需。服务员也应在服务中多注意观察发现客人的隐含需求。作为服务员,用行业内的说法,应当做到"眼里要能够看出事儿来",这样就不会发生"按照程序标准服务",反而引起客人不满的事情了。

为了满足客人的更多需求,很多饭店在客房区域都设有会议室和会客厅,提供会议服务是客房服务工作的内容之一。一般设在楼层的会议室普遍比较小,会议形式有会谈、会见、签字仪式等。不同形式的会议,在服务中有不同的规格和标准。如座位、场地、物品,还有客人的身份、人数、性别,客人的国家、民族、习俗等,都是服务人员应考虑到的因素。

会议服务时,服务员要按照先宾后主服务。先女宾后男宾的顺序为参加会议的客人上茶。如果会议时间较长,在会议中间应为参加会议的客人上热毛巾,并每间隔 40 分钟续一次茶水。这是会议服务的基本程序和要求。但是在日常服务中服务员要根据不同客人的具体情况提供相应的服务。

58. 有电热杯不意味着取消服务

◆ 案例

以前，客房里使用暖水瓶，服务员每天都要往客房送开水。既使客人不喝或喝不了，第二天服务员还要换上新的。而前一天的水就要全部倒掉，在能源、水源、劳动力等方面都造成了浪费。另外服务员在夜间送水，还会给客人带来不便。自从客房配备了电热杯后，客人感觉方便多了，什么时候想喝水，从房间的直饮水管接上水，只需几分钟就可把水烧开。客人可以随时喝上刚开的水，起到了节能降耗的作用。

但是，客房由暖水瓶换成了电热杯，并不意味着取消了对客服务。由于电热杯较小，一次只能倒二三杯水，一两个人使用还可以。如果遇有多人同时用水时，就供不上了。此时服务员应该用暖水瓶为客人送开水。一般饭店会在客房服务中心或楼层的工作间还配备有电开水器。客人可随时往客房服务中心打电话，由服务员送开水。

一次，住在930房间的客人约了几位朋友来房间谈事，客人将电话打到客房服务中心说需要一瓶开水和几个茶杯。过了一会儿，服务员送来了一瓶开水和几个茶杯。进到房间，服务员把暖瓶和茶杯放在桌子上，转身要走，客人对服务员说："请稍等，帮我们把茶沏上。"服务员转回身，不情愿的沏上了一杯茶，放在房间主人的面前，主人把茶让给了来访的朋友。当给所有的人沏完茶后，一瓶开水也就差不多没了。服务员对客人说："如果您还需要开水，那里有电热杯可以随时烧水。"

930房间的客人在朋友走后，到前台办理了退房手续。同时还告诉前台服务员其退房换饭店的原因：一是服务员的服务态度不好，为客人送瓶开水显得极不情愿。二是服务员的服务水平很

低，连上茶的先后顺序都不知道，使客人在朋友面前很没面子。这里的服务与饭店的星级不相符，令他对饭店很失望。

评析

服务，作为一种特殊的无形商品，就在于服务产品的同一性和不可保存性。即服务的产生、销售和消费是同时发生的。服务产品不同于一般的有形商品，出现质量问题可以退换、重新生产，或者削价处理。客人只有在接受服务的过程中才会体会到服务质量的高低。如果服务质量不高，是不能返工的，其造成的损失是无法挽回的。因此服务还具有不可回收性。

从本案即可看出，在劣质服务产生后，客人根本不给服务员留有解释和改正的机会，客人选择了退房，去了别的饭店。不同的客人对服务表示不满的方式也会有所不同：有的客人可能会投诉；有的客人则会选择离开这里，另外选择其他的饭店。但不管何种方式，受到损失的是客人、饭店和服务员，没有一方是受益的。

客房配备电热杯的目的是为了方便客人。当客人需要送开水的时候，服务员理所应当为客人送水。可是服务员告诉客人"那里有电热杯可以随时烧水"，显然是懒得送水，意思是说"如果再喝水就用电热杯自己烧水"。为客人送来水后，要不是被客人叫住，连茶也不给沏上。如果客人自己都干了，还要服务员干什么。

沏茶上水，先客后主。这是最基本的礼仪常识。这不是服务员不懂，而是对工作的不负责任，使房间的主人在朋友面前没了面子。虽然案例中只是个别服务员的行为，但因为不一定所有的客人都会接触到饭店的所有服务项目和服务员，客人对一家饭店的服务质量的认识，可能就是通过某一件事或者某一名服务员。因此案例中的客人会根据这个服务员做出对饭店的评价：对这家饭店很失望。

服务员对服务知识、服务技能的掌握固然重要，但加强员工的产品意识、质量意识和责任意识是做好服务工作的根本。这也是饭店的管理者和培训者应下大力做的工作。要求服务的生产者必须为每一位宾客提供优质服务，努力提高服务产品在宾客心目中的地位和影响，提高服务效率，赢得信誉。

59. 借来一名服务员开香槟

◆案例

在北京某饭店住着一位比利时老人皮特先生，他是欧洲某银行驻北京办事处的首席代表。皮特先生性格开朗随和，和任何人都非常客气，而且做事和言谈举止都很有绅士风度，人们都叫他老皮特。

这天，老皮特在翻译的陪同下找到客房部经理，很客气的希望经理帮个忙。过几天有几位老朋友来看望他。远离故乡的他和从比利时来的朋友聚会。老皮特非常兴奋。为了感谢朋友来看望，老皮特决定举行一个小型私人酒会。但为了表现主人的热情，也为了创造一个有情调的谈话氛围和谈话的空间，这个酒会的地点老皮特不想设在西餐厅，而是要在他所住客房的小客厅举行。老皮特希望客房部能帮助他开好这个酒会。为了满足客人的愿望，客房部经理把此事接了下来。经理请老先生放心，一定将他的酒会办成功。

随后，老皮特向客房部经理说明了自己对酒会的具体要求：作为酒会服务的服务员要懂得酒会礼仪；在酒会上要开香槟酒，并且打开香槟酒时要发出响亮的声音，但是在打开香槟后不能喷酒，因为参加这种形式酒会的人都是身穿礼服或西装；服务员要能够根据酒会的气氛掌握开香槟的时机；一切程序都要视现场的需要，而不用在场的主人和客人说话和提醒。

但是在接下来的准备工作中，客房部经理和主管们都犯了愁。在客房部的服务员中，居然找不到一位会开香槟酒并且会控制和把握酒会场面的人。客房部经理没办法，只得向餐饮部求援。最后在餐饮部的支持下，从西餐厅借来了餐具、酒具，还"借"来了一位服务员。"借"来的服务员开始了设计台型、摆台等准备工作。看着小伙子熟练和帅气的动作，客房部经理的心里踏实了：看来酒会没什么问题了。

酒会举行得非常成功，完全达到了客人的要求，为老皮特在朋友面前挣足了面子。老皮特非常高兴，事后还当面向客房部经理表示感谢。可是客房部经理的心里却高兴不起来，因为客房部没人干得了这活儿，主持酒会开香槟酒的服务员是从餐饮部"借"来的。

评析

这个案例无论是对客房部的管理者还是对服务员都是一个刺激，同时又是一种提示和促进。

客人在客房的小客厅举行小型酒会，虽不是经常遇到的，但是从客人的角度则很正常。因为客人在饭店的客房内举行酒会，是以主人的身份，这就相当于在自己的家里举行小酒会，因此在大型涉外饭店应算不得什么大事，也就应当满足客人的要求。

可是在客房部的服务人员中，却找不到一位会开香槟酒又懂得相关礼仪的服务员。在非常重视人力资源管理和培训的今天，作为饭店和客房部的管理者，应当考虑建立一种较合理的培训机制，加强岗位、工种间的交叉培训，提高服务员的综合知识和能力。而作为服务员也应注意学习多种服务技能、多积累相关的服务知识，俗话说"艺多不压身"。服务员解决问题的能力强，是和服务意识、服务知识和服务技能掌握的多少分不开的。

特别是在一些大型饭店，有些客人在客房问到服务员与餐饮有关的问题时，服务员经常回答不上来；客人在楼层会议室举行简单的签字仪式，需要上香槟时，也经常会使服务员抓瞎；还有的客人在餐厅问起餐厅服务员与客房有关的问题，服务员同样会说：我没进过客房。

各岗位之间的交叉培训是很必要的，也是当前很多饭店中使用的培训方式。客房服务员学习和掌握一些简单的餐饮知识，以及其他技能和知识，也是当今的发展趋势。如当今流行的贴身服务、管家式服务，就是为了在某一个区域和空间满足客人的多种需求。所以，我们需要的就是一岗多能的服务人员。

60. 发现客人的隐含需求

◆案例

客人住在饭店经常会有亲朋好友来访，或者是来谈一些业务。有的客人会把谈话的地点选择在酒吧、咖啡厅，而有的客人就在客房内聚会。这种会客服务就是客房服务员的服务内容之一。

客房服务中心的值班员接到一个电话，电话是住在620房间的客人打来的。客人说有几位朋友来访，需要三个茶杯请服务员送过去。服务员马上来到了620房间，把三个茶杯放在茶几上，客人客气地对服务员说："谢谢。"服务员说："不客气。"

服务员离开房间后，刚刚回到服务中心，620房间的客人又打来电话，说需要一瓶开水。服务员很快又将一瓶开水送到了620房间，客人再次向服务员表示了谢意。送完开水后，服务中心再次接到620房间的客人打来的电话。这次是要茶叶，服务员将几袋茶叶送到客人的房间后，客人仍然向服务员表示了谢意。

在为客人送茶杯、开水和茶叶的过程中，服务员每次将客人需要的东西送到房间，客人都非常客气的道谢。服务员的态度也始终很好，脸上始终挂着微笑，没有表现出一点儿厌烦。但是让

我们细想想，这能说服务员的服务是耐心周到的吗？能说服务员的职业素养高吗？

评析

上面这个案例中，服务员连续往客人的房间跑了3次，客人对服务员的每一次服务都表示了谢意，服务员也始终面带微笑、态度温和，不急不躁。但这决不能说是优质的服务。

案例中的客人绝对不是在有意“折腾”服务员，客人是在每一步的行为中分别发现了问题。在客人要沏茶拿杯子时发现杯子不够用，杯子送来了；当要放茶叶时又发现茶叶不够；茶叶够了，在最后倒水时，又发现水不够了。

客房的茶饮具配置数量服务员是应该清楚的，每个房间有两个茶杯，还有两个饮料杯。客人打电话再要三个茶杯，说明当时客人的房间里至少有五个人。服务员为客人送杯子是不是应该想到客人要沏茶而带几袋茶叶，因为每个房间配备的是两袋或者4袋茶叶；是不是应该带一瓶开水，因为房间内来的人比较多，每人倒上一杯水后暖水瓶也就差不多倒空了，客人要是再想续水怎么办呢？

如果当客人第一次要茶杯时，服务员同时带上一瓶开水、几袋茶叶，客人会是什么感受？客人的客人会是什么感受？客人不仅仅会认为这位服务员想得周到，而且会认为这家饭店好。客人对饭店好坏的评价就是通过对服务员的认识和自身的感受来评价的。

即使服务员一次就把茶杯、开水和茶叶带齐，送到房间后往茶几上一放也还是存在问题的。还应当按照先客后主、先女后男、先长后幼的顺序为客人把茶沏好，送到每一位客人面前。

我们从中能看到什么：服务员为客人提供服务，要力求高层次，就要在工作中用心去为客人服务，要能发现客人隐含的需求并且预见客人的需求。所谓优质服务，就是使客人满意的服务；

就是把服务做在客人开口之前,把满足客人的隐含需求做为我们的工作程序。

如果这位服务员在客人需要茶杯时想得周到些,一方面客人可以少打两次电话,能马上喝上茶水,另一方面服务员不是也会少跑两趟腿吗。所以,提高服务意识,发现并且预见客人的隐含需求,对客人、服务员和饭店都有好处。

61. 一个小塑料杯

◆案例

有位德国女士,她是位商务客人,而且还是中国通,经常光顾某四星级饭店。她每次来都要住在饭店五楼的客房。因此,她和五楼的每一位服务员都很熟悉。而五楼的服务员对她的生活习惯、性格特点也很了解。这里的服务员热情、快捷和针对性的服务,使她感到亲切、方便。

比如:只要她一入住,服务员就会马上为她送上一瓶开水,而且不用她说,服务员就将客房内的两个咖啡杯撤掉,换成四个盖儿杯,准备好为来访的客人使用,同时还要加上几包茶叶。可是这位德国女士本人却从来不使用饭店的杯子,而是使用自己随身带来的一个小塑料杯。

有一次,这位德国女士退房离开饭店后,服务员在检查房间时发现了这个小塑料杯。是客人不要了?还是忘记带走了?服务员想:客人每次来饭店用的都是这个杯子,可能是忘记带了,先保留起来再说,因为服务员都知道,这位客人过不了多长时间还会回来的,而且肯定还是住五楼。如果确实是客人不要了,到时再处理也没关系。

大约过了一个月,德国女士再次住到了五楼。当服务员像每次一样送去开水和茶叶时,还带上了那个小塑料杯。女士见到了

服务员送过来的小塑料杯，非常吃惊地说："我上次由于走得仓促，离开之后才发觉杯子没带，可是我以为你们会把杯子扔掉，也就没打算再要。其实这只是个普通的小杯子，花几块钱就能买来，真没想到这么长时间了，你们还会给我保存着，你们真细心。"

● 评析

一个小塑料杯本不值几块钱，如果服务员检查房间时没有发现，或者认为没用给扔了，也就扔了，本来客人就以为服务员会给扔了。在日常的走客检查房间时，经常会有客人扔弃不要的东西，这是非常正常的事情。但是，服务员却把这个小塑料杯保存起来，并在客人再次入住时还给了客人，使客人有些"吃惊"。连客人也没有想到服务员会如此细心。

这个成功而细小的服务事例，来自于客房服务员平时细致的观察和服务的用心。

其实，服务员细微的服务一直都在做着。每次为客人送开水、茶叶，换盖儿杯，不用等客人开口，客人想的服务员已经做到了，所以客人觉得住在这里各方面都方便，这也是客人每次都要住在这里的原因之一。这看似不起眼的细微服务实际上就是感情服务，优质服务。

服务员在服务中应关注客人的每一个细节，服务须贯穿整个过程中的每一个环节，成功的服务往往注重每一个细节。

62. 一只手电筒、两节电池

◆ 案例

北京某饭店是一家经营了四十多年的老店，饭店的管道系统已经老化。水管出水不畅，漏水严重，已经影响到客人使用和正常营业，饭店决定对管道系统进行更新改造。

一天，饭店总经理和工程部经理，陪同几位香港客人到客房六楼的小会议室，商谈关于饭店管道系统改造的问题。客房服务员小张负责会谈的服务工作，在为客人上茶水时，听到其中一位香港客人说，一会儿要去客房看看管线。小张为会议室的客人上完茶水后，马上到服务台找来一只手电筒和两节五号电池。

一会儿，总经理陪同香港客人从会议室出来，要去客房看管线。小张打开一间客房的门，示意客人请进。客人进入到客房后，打开浴室顶部的管道层隔板，顶棚里面黑黑洞洞的，根本看不清管子。客人正要说话的时候，小张伸手递上了手电筒，客人愣了一下，接过手电筒。这时另一位香港客人举起了手中的照相机，对着打开的管道层内拍照，但是闪光灯却没有亮，又照了一次还是没有亮，客人再一看，原来是是照相机的电池没电了。小张递上了两节五号电池，客人接过电池连说："谢谢 ，谢谢，不好意思"。

原来，小张准备手电筒是因为听到客人说要看管道，准备电池是因为看到同来的一位香港客人手中拿着一架照相机。服务经验丰富的小张为了防止有可能出现的情况而"备了一手儿"。

评析

这是一个体现服务意识和服务预见性非常强的案例。要想做好服务工作，使宾客满意，就要有一定的超前意识，预见客人的需求，把服务做在客人开口之前。

案例中两次出现了客人一愣的场景，说明小张能在关键时刻想到客人会需要什么。这是客人根本没想到的。这事并没有谁安排小张去这样做，而是他靠意识和丰富的服务经验，预见服务中可能出现的各种情况。

当听到客人要看管道，看到客人手中拿着照相机，就想到可能要用手电筒，照相机也存在没电的可能，虽然出现的可能很小，但终归还是有备无患。在这次客人的活动中使用手电筒是必然，

查看管道肯定要用。而在客人想要照相时，却出现了照相机电池没电的情况则纯属偶然。试想如果照相机电池没电了而小张没有准备电池，在客人提出后再去找来，客人也不会有不满意，但那就不会使客人两次“一愣”了，也就不会有这个案例了。客人虽然只说了“谢谢，不好意思”。但这“一愣”和“谢谢”包含了意外和惊喜。

我们的服务不但要做到想客人所想，做客人所需，而且要做到想客人所未想。不仅让客人满意，而且要做到给客人惊喜。这才是服务所追求的最高层次。

对事物的预见性来自于观察力和判断力，这是能否成为一名优秀服务员的重要因素。规范服务加超值服务等于优质服务。能够预见客人的需求并提供针对性的服务就是优质服务。

63. 连喝了两杯茶

◆ 案例

一天下午，北京某饭店客房部接到通知，香港某著名实业家将于当晚来饭店的小会议室参加一个小型会谈，还有市领导前来。到饭店的时间定在20点，计划停留时间约为20分钟。要求饭店，必须认真做好准备工作，不能出现丝毫差错。

接到通知后，客房部开始了接待的准备工作。检查卫生、检查设备、准备物品、准备饮品和水果。在为客人准备饮品时，因为会谈服务不同于在餐厅或者咖啡厅，可以征询客人的意见，而且只是接到了一个到店通知，没有任何其他信息来源，主管、领班和服务员出现了不同意见。有说上可乐，有说上崂山矿泉水，有说上咖啡，还有说上茶水，并且各自都说出了一些道理。争来争去，最后采用了领班提出的方案——确定主项，多手准备。以茶为主，咖啡为辅，可乐和矿泉水作为备用。

方案确定后，服务员们做了更细致的准备。在客人到饭店前20分钟先将花茶沏好茶卤并将第一遍茶水倒掉——这是为那位香港实业家准备的。备齐咖啡糖和伴侣——这是为随行的几位英国客人准备的。其他饮料为不同喜好的客人准备。

晚上20点整，香港实业家及随行人员，在有关领导的陪同下来到饭店，走进了六楼的小会议室。服务员按照接待服务程序，先为客人上香巾，之后，按照事先研究好的方案上茶、上咖啡。由于是事先沏好的茶卤，在续上二遍茶后端上来，当香港实业家掀开茶杯盖儿后，茶香飘溢，水温适口，热而不烫，只几分钟的功夫，实业家的那杯茶就喝完了。服务员马上过去又续了一杯。

当实业家的第二杯茶喝完时，会谈结束。实业家和其他人员起身离开会议室，当他走到会议室门口的时候，一把握住服务员的手说："你们的接待很好，谢谢!"事后，陪同的领导特意打来电话，对参与接待服务的人员表示感谢。

评析

这次接待任务圆满地完成了，得到了香港客人的感谢和上级领导的肯定。从接到通知，饭店和客房部的领导以及服务员都非常重视，对接待场地和接待方案都进行了精心的准备。更重要的是客房部员工的准备工作做到了从细处着手，认真分析了客人的特点、需求，使服务具有了针对性。

第一、那位香港实业家是中国人，自然会有喝茶的习惯，因此为其上茶比上咖啡更合适。

第二、实业家上了年纪，又是刚刚参加完宴会，所以喝可乐或矿泉水这类冷饮可能会不舒服。

第三、还因为实业家一行是刚刚参加完宴会来到饭店，此时正是口中"叫渴"的时候，当微有苦味的茶水喝到嘴里会感觉更爽口解渴。

第四、实业家一行只在饭店停留20分钟，喝茶不会"细品慢

喝”,加上是在宴会后过来,因为参加正式的宴会往往是不敢多喝水的,所以在这里一定是“急喝”。

由于是事先沏好了茶卤,所以在为客人上茶前续上开水,此时的茶水喝到嘴里温度正合适。还因为倒掉了第一遍茶水,所以,已经将茶水的涩味儿“洗”掉,纯正的茶香正好溢出。

通过分析,明白了那位实业家为什么一会儿就连喝了两杯茶,并且走时向服务员握手致谢的原因。服务就是为了满足客人的需求,要做好服务就要对所接待客人的特点和需求进行分析,使服务具有针对性。这是一个成功的细微服务、针对性服务的案例。

64. 抽屉里的照相机

◆ 案例

小张是客房部的领班,在他工作间的抽屉里有一架照相机。这架照相机是谁的呢?如果是小张的,为什么放在这里而不放在家里呢?这事还要从3年前说起。

一天,有几位客人租用六楼的会议室,其中一位客人边往外走边说:“如果今天要是带着照相机就好了,咱们那么多年没见了,今天谈得又那么顺利,应该留个影。”客人的话被从这里经过的客房领班小张听到了。小张想:客人在值得纪念的时刻想照相可是没带照相机是件挺遗憾的事。

到了发奖金的时候了,正好自己也需要买一架照相机,小张拿了奖金来到了百货商场,花200元钱买了一架傻瓜照相机,拿到饭店,放在了工作间的抽屉里。小张心想:“再有忘带照相机的客人,就不会留下遗憾了。”

有一次,供销合作总社的一位领导和几位外宾谈判,还是在楼层的这个小会议室内。一个多小时后,一名会务组的工作人员从会议室出来，找到小张问："饭店有没有供出租的照相机？今天领导和外商谈判成功，领导要和外宾合影，可是我事先没想到带照相机。"小张说："我这里有一架傻瓜相机，不知行不行？""行，什么照相机都行，只要能照出人来就行。"工作人员急切地说。

小张把自己的照相机借给了客人。那位工作人员还回照相机的时候对小张说："太谢谢你了，你可帮了我的大忙了！要不这种照片连补照的可能都没有，我还得挨领导的批。"

这架傻瓜相机在小张的抽屉里放了3年，直到小张到了新的岗位工作。在这3年中相机虽不是经常使用，但有几次还真是起到了大作用，救了客人的急。

评析

客人说出的话是无意的，我们记下是必须的。

在一次听到客人的对话后，有心的小张记下了，并且用自己的奖金买了一架照相机。虽然是一架只值200元的傻瓜相机，虽然自己也需要照相机，但是他把照相机放在饭店，说明小张心里想的是客人。

领导和外商谈判成功是高兴并值得庆祝的事，谈判双方合影留念是必要的。遇到这类值得庆贺和高兴的事，因为没带照相机而不能将美好的瞬间留下，那么留在客人心中的是永远的遗憾。傻瓜相机使谈判有了完美的结局，也救了工作人员的急。

排难性服务是感情服务的一种类型。此案例就是一个比较典型的排难性服务案例。

没有人要求小张准备照相机，也不会有客人因为小张拿不出照相机而对小张不满。客人的需求一般分为明确需求和隐含需求。对于客人的明确需求，已经成为饭店的服务标准和规范；而客人的隐含需求，是指客人本身存在需要，但是并没有说出来的，饭店也没有在标准和规范中做出明确规定，属于服务员"份外"的服务。

要发现客人的隐含需求，就要站到客人的角度看问题、想问题。作为饭店的服务人员，在做到规范服务的基础上，用心观察和发现客人的隐含需求，为客人提供超值服务，必定会令客人难忘。为客人多想一点，多做一点，让客人再满意一点，这才是真正的优质服务。

65. 细心、责任感＝生命

◆案例

一天早晨，一位客人在餐厅用完早餐回到客房楼层，一下电梯就用一只手扶着墙，另一只手捂在胸口表情痛苦地站在那里。这时，客房领班小鲍正从电梯间走过，看到这位客人脸色不对，就主动走过去询问："先生，您是不是身体不舒服？"客人说："我胸口有点儿堵得慌。"小鲍又问："我能为您做些什么？"客人说话的声音很低："没什么大事，可能过一会儿就会好了。"小鲍转身要离开，又觉得不对劲儿：胸口堵？不会是心脏病发作吧。"小鲍又回到客人身边："要不我为您叫一辆车，去医院检查一下。"客人这回点点头可是没有说出话来，从客人痛苦的表情来看，病情比刚才严重了。

小鲍叫过来两名服务员，扶着客人乘电梯来到饭店门口，叫来出租车，在车上客人感觉更加痛苦，小鲍将客人的领带松开。小鲍想：时间越长客人就越危险。于是小鲍告诉出租车司机，将客人送到离饭店最近的一家医院。由于情况紧急来不及再逐级请示汇报，小鲍和一名服务员陪同客人前往医院就医，让另一名服务员先将客人的情况向客房部经理汇报。

车开到医院后，客人已经不能行走。医生马上将其收留住院，实施抢救。经诊断，这位客人确实是心脏病突发。医生说："幸亏送医院及时，看来你们还是有一些急救常识，如果要是晚来两三分钟就危险了。”

在医生对客人进行抢救的同时，一名服务员留在医院，小鲍回到饭店向领导做了详细的汇报。随后通过销售部的接待人员了解生病的客人是从西安来北京开会的。接待人员马上与客人的单位和家属取得联系。当天晚上，客人单位的领导和家属赶到了医院。而此时客人经过抢救，已经脱离了危险。

客人从医院回到饭店后，给饭店送来了一封感谢信。信中说到："……贵饭店服务员的细心和责任心令人敬佩。在我发病时，连我自己都不知道是心脏病，是服务员的正确判断和果断处理，为抢救赢得了时间，挽回了我的生命。"

评析

客人用完早餐，回到楼层后，感觉身体不舒服，只是站在那里，并没有跟谁讲。是小鲍凭着职业的敏感和细心，观察到客人的脸色有些不正常，并且表情显得有些痛苦，就主动走过去询问，客人当时自己虽说"没什么事"，其实客人自己也没有意识到问题的严重性。当小鲍要转身离去，是责任感——对饭店的责任感和对客人的责任感，又使他回到客人身边。对客人的关注，是细微服务和责任感的表现。

做出正确的判断，还需要果断灵活的处理。事后医生的话证明，小鲍送客人去医院的决定是正确的，再晚"两三分钟就危险了"。从小鲍松开客人的领带这一细小动作，反映出小鲍当时的冷静和拥有急救常识。而如果当时小鲍按照常规，先向领导汇报请示，再等领导做出决定，很难说会出现什么后果。是由于小鲍的细心、责任感而使客人免遭意外，为实施抢救赢得了宝贵的时间，挽救了客人的生命。

作为一名高水平的服务员，不仅仅体现在服务的操作技能方面，还来自于对工作的热爱和投入，另外还要学习和了解各方面的知识，不断地丰富自己。小鲍从动作和表情判断出

客人病因,就在于此。

66. 荞麦皮枕头

◆案例

四星级饭店的客房配备鸭绒枕头是很正常的,可是在四星级饭店想用上荞麦皮枕头却不容易,但是有一家四星级饭店就有荞麦皮枕头。

客房服务员小赵在为503房间清扫卫生时,客人没有在房间。虽然两张床都动过,但通过客房用品的使用情况和客人的用品可以看出,这个房间住了一位客人。房间内的两张床有一张用过了,可是在客人用过的床上没有枕头,两条折叠起来的大浴巾放在枕头的位置,而两个鸭绒枕头却放在另一张床上,根本没有用过。看到这个情况,小赵分析,可能是客人用不惯鸭绒枕头,喜欢用硬枕头,自己用大浴巾卷了个枕头。

在清扫完房间卫生后,小赵到客务中心取来了两个荞麦皮枕头放在了503房间客人的床上。

晚上,客房服务中心的值班员接到了一个电话,是503房间的客人打来的,客人在电话中说:“你们怎么知道我不喜欢用鸭绒枕头?你们饭店怎么还会有荞麦皮枕头?我根本就没想到你们这里会有,所以也就没跟你们说。”值班员告诉客人是服务员在清扫房间卫生时发现的。客人说:“你们想得太周到了,工作太细致了!今天我可以睡个舒服觉了。谢谢你们!”

是呀,这么高级的饭店里,怎么会有那么土气的荞麦皮枕头呢?原来,这荞麦皮枕头来自于一位客房服务员的建议。曾经有客人向服务员提出,用不惯饭店里的鸭绒枕头。这位服务员想:在客房服务中心应该准备几个荞麦皮枕头,要是再遇有客人不喜欢用鸭绒枕头,不是就能满足客人的需求了吗。于是服务员写了一个建议给客房部。客房部经理觉得这个建议能够体现人性化的管理和服务，实施起来也很简单，便采纳了这个建议，向饭店采购部申请购买了几个荞麦皮枕头，放在服务中心备用，以满足有特殊需求的客人。

评析

荞麦皮枕头是最普通的枕头，在家庭中使用的也已不多，而在大型豪华饭店的客房里出现则更是少见。可是在本案例中为客人提供荞麦皮枕头的过程，无论是在服务上还是在管理上都体现出了“细微”和“亲切”。

503 房间的客人并没有和服务员讲不喜欢用鸭绒枕头。客人的这一需求是通过服务员小赵的细心观察而发现的，这就是客人“你们怎么知道我不喜欢用鸭绒枕头”的答案。服务员不仅仅是把卫生搞好就行了，而是在工作中发现客人的需求，这样才能作到把服务做在客人开口之前。因此，这才称得上服务员，这才叫作服务，否则就成了保洁员。

因为曾有客人提出过用不惯鸭绒枕头，服务员记在了心里向客房部提出了建议。领导经过研究考虑，决定买来了荞麦皮枕头，以满足不同客人的需求。这就是客人“你们怎么会有荞麦皮枕头”的答案。几个荞麦皮枕头用不了几个钱，而对于饭店来讲，就更算不得什么了。而诸如婴儿床、儿童枕头、暖水袋、包装绳等等，都是饭店客房服务中心应准备的物品。

往往越是细小的事情，越能给宾客留下深刻印象，越能体现出服务员和管理者强烈的宾客意识。服务员听到客人的意见后提出合理化建议并被采纳，反映出饭店的员工和领导共同为企业着想的企业意识。

细致的个性化服务能否做到，就在于服务人员和管理者是否多想一想，多问一问，多看一看，这就要求我们应具有敏锐的观察力。服务员应学会在服务过程中尽可能了解客人情况，熟知客人

的心理。个性化服务是非传统规范的服务,没有固定的模式可循,它所遵循的是客人的需要就是我们的动力和准则,即“投宾客所好”。

67. 客人为什么不理我

◆ 案例

客房部的楼层领班小刘,工作细致认真,责任心很强。他在工作中注意观察、善于发现服务中的问题和客人的需求,总是能把服务做在客人开口之前,还避免了很多意外事件的发生。经常受到客人的表扬,曾多次被饭店评为优秀员工。

住在2024房间的严先生是一位美籍华人。在饭店住的时间长了,和服务员都很熟悉,见面总会互相打招呼。而且有时严先生还主动找服务员聊天。

一天上午十点多钟,严先生从外面回来。小刘看到严先生走出电梯,就像往常一样,主动地和严先生打招呼问好。可是严先生没有回答,好像没听见一样低着头从小刘身边走了过去。小刘心里有些纳闷:严先生今天这是怎么了?主动和他打招呼,打了个照面都不言语。是不是身体不舒服,还是有什么不顺心的事?小刘就把这事记在工作日志上,想找机会了解一下情况,以便能够帮助严先生做点什么。

中午十二点,小刘来到2024房间门外,见房间的门虚掩着,小刘心里不安起来,是严先生出去时忘记关门了,还是发生了什么意外?联想到上午见到严先生的情景,小刘就敲了敲门,可是里面没有回音,轻轻推开房门,看见严先生没精打采的坐在沙发上。小刘走过去问:“严先生,您是不是身体不舒服?”严先生说话的声音不高:“我没病,你忙去吧。”小刘说:“那好,如果有什么事,您随时叫我。”小刘转身往外走,当走到门口时,严先生叫住了小刘:“你回来,坐这里陪我说说话。”看上去严先生像是有心事,小刘就坐下陪严先生聊天。

严先生对小刘说了自己在事业上的压力、感情上的苦恼。他觉得人活着很累,生活也没什么乐趣,总之是在言谈话语中表示出了厌世的情绪。细心的小刘怕严先生发生意外,就继续陪严先生聊天。当得知严先生的父亲住在天津时,小刘有意打听其家人的情况,并记下了严先生父亲家中的电话。小刘找个借口出去了一下,马上将情况向经理做了汇报,打电话与严先生的父亲取得了联系。严老先生在电话中知道了儿子的情况后,请求小刘不要离开他儿子的房间,以免发生意外。他马上乘车赶往北京。小刘又回到了 2024 房间继续陪着严先生“聊天”。

就这样小刘陪着严先生聊了两个多小时,严先生的父亲和弟弟从天津赶到了北京。到了饭店以后,通过严老先生得知,严先生果然有自杀的念头,并且做好实施准备。后来严先生在家人的陪同下离开饭店,回到天津的家中。小刘的细心挽救了一位客人的生命,挽救了一个家庭。

评析

因为小刘的责任心、发现和分析问题的能力,她从与客人打招呼,客人没有回答这一细小的异常,最终避免了一次事故的发生,挽救了客人的生命,也保护了饭店的声誉和利益。客人死在饭店,是饭店业最忌讳的事情。这会给饭店的经营、管理以及客人乃至服务人员的心理造成很大的影响。

企业需要有心人,对客服务需要有心人。小刘见到客人从外面回来,向客人问好,客人没有回答,不是走过去就算了,而是记在本子上,记在心里。留心观察并主动找机会到客人房间询问客人是不是身体不适,从与客人的交谈和观察中认识到可能会出现的后果。机敏的“套”出客人的话,“套”出客人亲属的电话并取得联系,然后继续陪着客人,直到客人的家属赶来。如果不是小刘

的"多事",真不知会发生什么样的事。服务人员不仅要掌握熟练的服务技能,有观察事物、发现问题的能力,更要有对饭店、对客人负责的态度。

要做好客房服务,不是简单的事情。及时了解和掌握住店客人的动态,及时发现不正常的迹象与苗头,服务中察言观色,发现客人异常言行,才能避免各类事件的发生。否则一旦客人发生意外,无论如何解决,对客人及家属的打击和影响都是不可挽回的,饭店也将处于被动和不利局面。

68. 暖水瓶没盖盖儿

◆案例

一对香港夫妇和他们的孩子一家三口,住在了饭店的1020房间,他们利用孩子放暑假的时间来北京旅游。

早晨,孩子的妈妈走出房间,好像在找服务员。服务员小刘看到马上走上前去,主动询问客人有什么事,是否需要帮助。客人说需要一瓶开水。小刘请客人稍候,马上客人送到房间。小刘将开水送到房间后就去做别的事情了。过了一会儿,香港夫妇带着孩子出去游览了。

小刘来到1020房间清扫卫生。按照工作程序,服务员在清扫客房卫生的同时,还要更换茶饮具,将客人用过的茶饮具撤出,把经过洗刷消毒的茶饮具放进房间。同时把房间里的暖水瓶撤出,换上灌满新开水的暖水瓶。

在小刘拿起房间里的暖水瓶准备换开水时,发现暖水瓶的上面没有盖子。暖瓶盖儿放在桌子上,而且暖水瓶里的水是满的,旁边还有一个空暖瓶。在平时清扫客房卫生时,经常遇见客人喝完水后不将暖瓶盖上的情况,可是暖水瓶往往是空的或者只有半瓶水。早晨是客人出来要的水,应该是房间原来的一瓶水喝完了，可是今天早晨客人自己出来要水，却为什么没有喝呢？细心的小刘想起刚才客人出去时，看到孩子身上背着一个旅行水壶。小刘明白了，这一定是客人为了晚上回到饭店一进门就有凉开水喝而特意备好的一瓶水。那个空暖瓶就是头一天晚上凉的，而今天早晨这瓶开水是为了凉到晚上回来喝的。于是小刘又把没盖盖儿的暖水瓶放回原处，依旧敞着盖儿。在旁边又放上了一瓶新的开水。

今天晚上，在外游览了一天的客人，回到房间就会喝到凉白开了。

评析

夏天，外出旅游的人，由于天气热，出汗多，从外面回来能喝一气白开水，是很痛快的事。在饭店，随时可以为客人提供热开水和凉开水。但是在实际工作中发现，有些客人愿意要来开水自己凉凉，特别是在香港客人和南方客人中较为多见，可能是觉得这样卫生、放心。

小刘在工作中看到没盖盖儿且盛满水的暖水瓶，没有按常规拿起来倒掉。虽然客人并没有留言交待，但是她用心观察客人，是在用脑子服务，如：为什么客人刚要的开水，出去后暖瓶却还是满的？为什么暖瓶没盖盖儿？孩子身上背的旅行水壶……

这只是日常服务中遇到的一件很小的事。高水平的服务并不是高深莫测的，需要的是服务人员对服务的理解、对客人的理解，来自于日常服务中对客人的关注，站在客人的角度去想问题。客房服务中遇到和发生的多是人们生活中的小事，但就是这一件件小事，能使客人感受到亲切、温暖、体贴入微的服务。

在饭店业激烈的竞争中，饭店硬件设施在饭店经营中起着重要的作用，但这不是基层服务人员能够左右的。而作为软件的服务，无论是管理人员还是服务人员都应该重视并且能够做到的。

细微的、人性化的服务是留住客人的重要因素之一。增强服

务的主动性和预见性，想客人之所想，帮客人之所需，把温暖带给每一位宾客；把质优价廉的产品——服务送给每一位宾客，赢得社会和宾客的满意。

69. 盆景变绿了

◆ 案例

改革开放以后，国际上的一些知名公司开始进入中国，当时，国内还没有正规的写字楼。刚刚进入中国市场的外国公司就在大饭店租下客房，作为公司的办事处，而公司的工作人员一般也在饭店内包房居住。

德国的西门子公司在北京某大饭店租用了二十多间客房作为办公室。公司的一位高级工程师为了工作方便，住在饭店的2623号房间，这是一个三套间的客房。这位德国小伙子单身一人，是个中国通，中文说的非常好，并且喜欢中国文化，崇拜中国的大文豪郭沫若，还给自己起了个有意思的中国名字，叫郭沫根。

郭沫根的性情有些古怪，不太看得起服务员。平时服务员见到他向他问好，他理也不理。但是他对这又很在意，如果遇见服务员没有向他问好，他就会提意见，问服务员见到他时为什么不打招呼，说服务员没有礼貌。

虽然是一个人住在三套间，但进到郭沫根的房间里，还是感觉没有下脚的地方。三个房间里放满了从旧货市场买来的老式家具、古旧钟表、瓷瓶摆件，中文书籍有几百本，还有盆买了不会养的山石盆景。他把换下的衣服随便扔在床上、沙发上、地毯上。他光衬衫就有几十件，直到没有换的了，才抱出一堆衣服交给服务员去洗。虽然自己的房间非常乱，任何东西都是随便乱扔，可是郭先生对房间的卫生却很挑剔。

看到郭沫根对服务员的“态度”，客房服务员小张心里很不是滋味，但是由于自己是服务员，每天见到客人向客人问好是自己必须应该做到的。小张是一位有心计、要强的青年，自从领导安排他负责 2623 房间的卫生清扫工作，他决心改变郭沫根对服务员的“态度”。

小张每天早晨在郭先生去办公室上班后，开始清扫他的客房卫生。但是由于房间内的物品又多又乱，无论怎么仔细地清洁，房间还是没有整齐干净的感觉。于是小张每天在下午清扫完自己负责的其他客房后，抽出一点时间，整理郭先生房间的物品。把乱放着的书码放整齐，有打开的书则夹上一张饭店的小简介；干净的衣服挂进壁柜，换下的衣服装进洗衣袋，放在墙边；东一只西一只的鞋，一双一双地配成对摆放在行李柜旁；他还没有忘记每天给盆景浇上一些水。

一天上午，一位同事跟小张说，他昨天上晚班时，郭先生问他：最近一段时间给他房间清扫卫生的服务员是不是换人了？我告诉他是换人了，并且问他有什么事，可是他没说。

小张心想：看来他是感觉到变化了。

又过了一段时间，小张在为郭先生清扫房间时，发现山石盆景长出了绿色的青苔——连植物也有了变化。

在一个星期天的上午，小张趁郭先生出去跑步的空档清扫房间。清扫完客房卫生后，又像往常一样给盆景浇水。这时，郭先生跑完步从外面回到房间，见到小张正在浇水，主动冲小张说：“早晨好。”随后又问：“这段时间一直是你在为我整理房间吗？”小张说：“是的，您有什么需要请尽管对我说。”郭先生只说了三个字：“谢谢你。”

从此以后，服务员见到的郭沫根不再是爱搭不理的冷漠表情，而且与服务员见面总是互相问好。

后来，西门子公司的办事处迁址到了新落成的国际大厦办公，可是郭沫根没有搬走，一直在这里住了 3 年，直到他离任回国。

评析

这是纯感情服务和细微服务的一个案例。

客人郭沫根一开始不爱理服务员，存在傲慢、瞧不起服务员的因素。但是小张并没有和客人争平等，而是从心态上摆正自己的位置，为客服务是自己的工作。小张正是通过自己的工作——改变了客人对服务员的认识。通过整理书籍、衣物、夹书签以及给盆景浇水等细微的服务，实现了与客人感情上的交流。这不仅仅是房间卫生的变化，物品摆放的变化和盆景的变化，而是通过这些变化，成为客人对服务员认识变化的铺垫。因此，这个案例宛如一篇描述客人情感变化的散文。

从郭沫根问晚班服务员清扫卫生的服务员是否换人了，到主动向服务员问好说“谢谢你”，再到后来与服务员互相问好，直至公司离开饭店而他还继续住在这里，最后到离任回国。这一系列的变化，是客人对服务员重新认识的过程和结果。客人宁愿每天从所住的饭店到另一处的写字楼上班，也不愿离开这里，说明了饭店对客人的吸引力。

小张的成功，证实了：感情上的需要，心理上的享受，是用金钱换不来的。满足和迎合了客人的心理需要，就是对客人的最大尊重。而这种对客人的尊重赢得了客人对服务员的尊重，实现了人与人之间的互相尊重。

第五篇

管理篇

70. 细节不是小节

◆案例

一位上了年纪的外宾来到饭店大堂，走到大堂经理面前，对大堂经理说：他在该饭店住了一个星期，今天将要离开饭店回国。在住饭店期间，他不论走到哪里，都受到了服务员无微不至的照顾。饭店的设施虽然一般，但服务很好，服务人员在举止、礼貌和服务等方面都表现出了较高的素质，给他留下了深刻的印象。因此，在离店前特地找到大堂经理，表达对饭店和服务人员的感激，同时还希望饭店能够做得更好。

这时，外宾拿出了一张《宾客意见卡》，打开意见卡，大堂经理看到客人在上面的满意栏上都画上了勾，在空白处客人还写下了对饭店赞美的语言。这位外宾对大堂经理说："在这一个星期当中，我对贵饭店的各方面都很满意，但是在我将要离开，并且在意见卡上表达了我对贵饭店的满意和感激之情后，就是这张意见卡给我留下了一点点遗憾。希望贵饭店在管理上能做得更细致一点。"

大堂经理从外宾手中接过意见卡一看。客房内的《宾客意见卡》是折成三角形放在写字台上的，由于长时间没有打开过，在三角形的空间内有一些灰尘。外宾打开意见卡写完后，台起手一看，这些灰尘蹭到了手上和衣服的袖口上。就是这一点灰尘在这位对饭店评价很高的外国老人心中留下了一点遗憾。

评析

意见卡上有一点灰尘，从表面看不是什么大问题，擦干净也很简单。但往深里分析，这就不是小事。

服务员在搞房间卫生时每天都要擦写字台，可是放在写字台上面的意见卡却不知有多长时间没有动过，忽视了这个细小的问题，重要的是管理人员在每一天必做的客房检查中也没有发现这个小问题。就是这一点点灰尘，使客人对整个饭店的良好印象大打折扣。因此，这就不仅仅是一点点灰尘的卫生问题，而是出现了质量检查的死角，是管理上的问题。服务人员在清扫中没有擦到，基层的管理人员没有检查到，其根源可能是在客房部的客房清扫程序和标准中没有明确地规定，是工作标准和内容对服务员应做的项目覆盖面不全所至。因此这意见卡上的灰尘其实是暴露出了管理上的漏洞。

通过这个意见卡，给了我们一些启示：

第一，无论是在服务还是管理上都要重视细节。一家饭店管理和服务水平的高低，就是通过一些细节体现出来的。服务重视了细节，客人才会有细致、周到、体贴入微的感觉。管理重视了细节，才能体现管理的规范、细致、严谨。

第二，管理人员要能发现细节。发现了细节问题就是发现了管理和服务上的漏洞和培训需求。现代饭店管理的创始人，美国人艾·米·斯塔特勒（E·M·Statler）就非常重视细节管理，发现细小问题。因此而有其在检查中躺进浴缸，以客人的视角发现问题的经典案例。

饭店管理是由许多细节组成的，一家成功的饭店往往是由于注重每一个细节，管理人员和检查人员都学会了做挑剔的宾客，努力对饭店的各个区域、每一项设施吹毛求疵。饭店的细节管理作为评价饭店管理是否成功的一项重要标准，作为提高宾客满意程度的重要途径，理应引起饭店管理者的高度重视。可以肯定地说:细节决不是小节。

71. 只会说“对不起”

◆ 案例

巴基斯坦总理应中国政府邀请访华。巴总理访华团的随行人员二十多人住在了位于市中心的一家四星级饭店。

下午6点,随行团的负责人——巴基斯坦驻中国大使馆的工作人员伊克巴尔,找到客房服务员说:“我们有一些衣服需要熨烫,晚上8点以前要熨好。”服务员听了以后,看了看表,礼貌地告诉客人:“对不起,现在洗衣房的人已经下班了,要明天早晨上班以后才可以熨。”伊克巴尔说:“今晚8点半我们要去人民大会堂参加招待会,衣服都是刚从行李里面拿出来的,已经压得不平整了,哪怕简单地熨一下也可以。”服务员说:“对不起,现在洗衣房已经没有人了,要不我去向领班汇报一下。”过了一会儿,客房领班来到伊克巴尔的房间:“伊克巴尔先生,真是对不起,……”还没等领班说完,伊克巴尔就急了:“我跟服务员说了半天,事情没解决,他只会说‘对不起’。你来了还是‘对不起’,你们还会不会说别的?我不想听‘对不起’,就是现在需要把衣服熨了。耽误了我们出席招待会,你们负得了责任吗?”

领班觉得事情有些严重,马上向客房部经理汇报了此事。经理听了以后,立即打电话,把洗衣房的几名技工从家里叫回了饭店。技工师傅来到饭店后,紧张地工作了起来。终于在8点前将客人的衣服熨烫好,并送到了客人的房间。

不到两个小时,共熨了二十多套衣服,客人穿着熨烫得平整的衣服参加了招待会。在满足了客人需求的同时,还为饭店创收600多元。

评析

外国总理访华团下榻饭店，不论对政府还是对饭店，都是一项重要的接待任务和政治任务。重要任务的接待工作，在客人入住前就应定出具体的接待方案，布置好各岗位的工作，想到各种可能出现的事情。各岗位都应安排有经验的服务人员。当客人因出席招待会而需要熨烫衣服时，洗衣房却没有人值班，这首先是部门管理者对工作不够重视，没有安排好，可以说是管理者的失职。

第二是服务人员处理事物的能力较差。当客人提出问题，不能解决时，应马上向领班汇报。领班解决不了向主管、经理汇报。一方面为事情的解决争取时间，如果浪费时间很长，对于事情的解决更加不利。另一方面为对客人有个交代，而只是一味的“对不起”，反复地向客人解释，就是态度再好也会引起客人不满。正如案例中客人所说，事情没解决，只会说“对不起”是没有任何意义的。

第三，最后，衣服还是熨烫了。但是并不能使客人感到满意，因为这次服务是被动的，是在客人提出并表示了不满后所做的。服务员的服务成了被动的服务，而被动的服务，就是做了客人也未必会满意。因此，在服务上应多做有用功。

饭店接待如此高级别的国外政府官员，必定会在事先下发“VIP”通知单，管理人员应将工作安排地细致周到，调配人员、调整班次。同时管理者应给员工更多的权力，以便他们在为客服务的现场提供一步到位的服务，提高服务人员的应变能力和处理事物的能力。为客服务的程序是死的，但按程序工作的人是活的，凡事应灵活、应以能为客人提供优质服务为宗旨。

其实从另一个角度讲，即使不是“VIP”客人，作为一家四星级饭店，洗衣房的晚间加急服务项目也是应当有的。

如果没有，使馆的工作人员以后还会把客人安排在这里住吗？伊克巴尔先生对饭店的印象会是什么样？从案例的表面看，是服务员及领班处理不当。如果究其根源，问题出在管理者身上。

72. 床上哪来的灯泡

◆ 案例

晚班服务员小孙在为 972 房间开夜床时，检查出有一个床头灯不亮，于是往工程部打电话报修。打完电话后，小孙从 972 房间出来，又到其他的房间继续开夜床去了。

过了不一会儿，工程部的值班电工来到 972 房间，看了一下床头灯，原来是灯泡坏了，于是就换了一个新灯泡。

大约过了一个小时，客房客务中心接到了 972 房间客人的电话。服务员问客人有什么事，客人请服务员到他的房间去一下。小孙马上来到 972 房间，问客人有什么事。客人用手指了一下床上说："请你看看那是什么？"小孙一看，床上放着一只灯泡。客人说："我出去了一天，身体有些累，进门想躺下歇一会儿。可是我刚要往床上躺，突然发现床上有一个灯泡。如果我没看见床上的灯泡，躺上去把灯泡压碎了，把我扎坏了怎么办？我不明白灯泡为什么会在我的床上放着。"

小孙也想不明白灯泡为什么会放在床上。这时小孙想起自己开夜床时这个房间的床头灯坏了，会不会是电工换完灯泡遗忘的。在找到电工了解情况时证实，果然是电工换灯泡时，把坏灯泡拧下随手放在了床上。离开房间的时候忘记拿走了。

● 评析

幸亏客人自己发现，想想真是后怕。电工将换下的坏灯泡随手放在床上忘记带走，威胁到客人的安全，致使客人投诉。这个

案例暴露出两个方面的问题。

从电工方面来讲，饭店和工程部都有关于维修人员工作后清理现场的规定。特别是在客房工作时，一定要将工作后的杂物清理干净并带出客房，不得有遗洒。即使是将换下的坏灯泡扔在客房的垃圾桶内也是不可以的，更不能随手放在床上。如果客人没有发现，一下躺在床上，将灯泡压碎，必将造成对客人的伤害。

从客房服务员的方面来讲，灯泡虽然是电工放在床上的，但作为在一线工作的服务员，对这件事情的发生起着关键作用，因为对于客房设备的维修，服务员应起着控制和检查的作用。按照工作程序的要求，服务员发现房间设备有问题保修后，应写在工作记录上。如果是空房，服务员要打开房门后再请维修人员自己进房维修，修好后服务员要检查设备的维修情况和维修现场是否整理干净；遇有客人在房间，应征求客人意见，征得客人同意后方可进入维修。

而作为住客房间的维修，是应当由服务员在现场陪同。在电工维修完以后，再进行检查验收。一是检查设备是否修好；二是检查一下工作现场是否收拾好、有无遗留物。案例中的小孙就是报修后没有记录，认为电工到客房维修就没有自己的事了。在电工修理完以后，没有去房间检查验收。

应从本案例中吸取教训：一是无论哪个岗位的员工，在工作中都要严格执行工作程序和要求；二是要加强安全意识的教育，防止意外事故的发生，以免给客人和饭店造成不必要的伤害和损失。饭店安全事故，往往是由于违规操作和麻痹思想而引发的。

73. 应不应该开夜床

◆ 案例

一天下午，住在507房间的孟先生对正在清扫房间的服务员

说："把你们的领班找来，我要问点儿事。"

不一会儿，领班来到 507 房间。"您好，孟先生，请问您有什么事？我能为您做些什么？"孟先生说："我不需要你做什么，有点儿事我不明白。我住在这个房间，今天是第三天了，第一天晚上我从外面回来，发现有服务员给我的房间开了夜床，可是第二天晚上我还是从外面回来，发现没有人来给我开夜床，你们的饭店到底有没有开夜床这项服务？如果有开夜床的服务，为什么第二天没开。如果没有，那么第一天为我的房间开夜床的服务员应当受到表扬的。"

听了孟先生的问话，领班不知该如何回答，心想这回是遇到了行家。孟先生接着说："你不用回答我，我知道你没法回答我的问题。我也知道，你们饭店有开夜床的服务内容。我叫你来是想告诉你，我是做旅游这一行的，我住在这里的几天，发现你们的服务存在问题，你们的管理也存在问题，关键是管理问题。其实给我开不开夜床无所谓，我都是一样睡觉，我说的这些话可能不太入耳，听起来似乎有些刻薄。但今天我跟你说这些，是希望你们的饭店好，希望你们的管理能够规范，服务按照规范去做，让所有来这里的客人都能享受到应享受的服务。"

听完孟先生通俗、真诚的话，这位领班心里很不是滋味。不知道是向孟先生道歉好还是道谢好。事后，领班将此事向客房部经理做了汇报。

评析

提意见的孟先生是一位"挑剔"、内行，并关心饭店的客人。孟先生提出的意见非常尖锐。他问领班：饭店有没有开夜床的服务，又说不用回答。其实孟先生知道领班无法回答，本来就知道饭店应该有开夜床的服务。

第一天开了夜床，可是第二天没有人开。服务员开夜床，想开就开，不想开就不开，工作的随意性太强。表面看是服务问题，

是服务员没按要求工作，不开夜床图自己省事，而实际上这是管理问题。孟先生说的话一针见血，对于某一项服务内容，饭店有没有规定、有没有标准、服务员的工作有没有记录、工作后有没有人检查、有没有相应的措施是很重要的。没有工作记录或者不真实的记录，又没有对记录的控制和对服务员工作的检查，那么对服务和人员的管理就是一种失控的状态、工作质量就无法保证、每一位客人都不能得到应享受的服务。而孟先生得到的是"缺斤短两"的服务。一天没开夜床看似小事，但反映着饭店的服务和管理水准。

同样是能供客人吃饭、住宿，为什么越是星级高的饭店，价格越高？服务质量和服务项目是其中很重要的因素。对于消费者来讲，物美价廉、高价优质甚至是低价低质，都是能够接受的，而只有质次价高是不能接受的。客人享受不到应有的服务，就等于是买了质次价高的商品。

客人的感受关系到饭店的生存。这决不是危言耸听，因为饭店失去了客人就无法生存。这位"挑剔"的孟先生话虽说得直白，但这是客人对饭店的关心。

有些饭店为了提高服务质量，随时发现管理和服务中的问题，及时纠正和改进，聘请一些管理和服务的专家以及部分客人，作为饭店的质量监督员，以客人的身份入住饭店消费，对饭店进行暗访。通过暗访发现管理人员检查不到的方面。从客人的角度感受服务，发现问题，然后根据暗访报告进行整改、培训，因为只有客人的感受和评价才是真实的。

74. 服务员有没有错

◆ 案例

一天下午，洗衣房把当天上午送洗的客衣都洗好了，服务员

像往常一样，把洗好的衣服按照洗衣单上登记的房号送到相应的房间。

晚上，客房服务中心接到了765房间客人打来的电话，客人问：“我今天拿去洗的衣服是否已经洗好了？”服务员说：“衣服都洗好了，已经送到房间了。”客人说：“我早晨出去的时候把衣服连同洗衣单一同装在洗衣袋里，放在了我房间的床上。可是现在我没有见到我的衣服。”服务员问清了客人的房号，答应为客人查一查。服务员查过洗衣记录后，没有查到765房间洗衣的记录。服务员打电话告诉765房间的客人：“今天的客衣已经都送出去了，洗衣记录上没有您洗衣的记录。”客人说：“那就怪了，我今天肯定是洗衣服了。”

服务员正在着急，这时服务中心的电话又响了，这个电话是756房间客人打来的。756房间的客人在电话中说，他回到房间后，看到自己房间的床上有一包洗好的衣服。可是他今天并没有送洗衣服。服务员马上来到756房间，仔细查验洗衣单。没错，洗衣单上明明写的就是756，可是756房间的客人肯定地说衣服不是他的。服务员突然联想到刚才765房间的客人在询问自己的衣服为什么没有送回来，会不会是房号搞错了？于是服务员把衣服拿给765房间的客人看，765房间的客人一看，马上认出这就是自己的衣服。

原来是765房间的客人在填洗衣单时自己错把765写成了756。结果服务员在收取和送洗时按照客人自己写在洗衣单上的房间号登记，并且在衣服洗完后送到了756房间。765房间的客人向服务员连连道谢，是由于自己的疏忽，给服务员添了麻烦。

但是服务员做得有没有问题，问题出在哪里，有没有办法使这样的事不发生呢？

● 评析

从案例的表面看，将765房间客人洗好的衣服送到756房间，不是服务员的错，而是客人自己把房间号写错了。可是从客人的角度、从饭店自身原因去分析，能不能避免类似问题的发生，就会明白这个问题是可以找到答案的。

一、洗衣单上的房号是客人自己写的。一般客人在饭店只是短暂的停留，对房间号的分布规律肯定没有服务员熟悉，因此把房间号写颠倒并不是奇怪的事，而且在日常服务中，这种事情也会经常遇到的。

二、如果756房间的客人没有及时地把送错衣服的事告诉客房服务中心或者在收拾东西时，没有发现而误将衣服带走。那么765房间客人的衣服就有可能找不回来；同时，756房间的客人也会受到经济上的损失，因为服务员可能会将洗衣的费用记到根本没有洗衣消费的756房间客人的账上。

再从管理和服务的角度去分析：

一、饭店在此项工作上应该有相关的工作标准和要求。作为饭店，不管是对服务员的要求，还是从客人的角度，应当想到可能出现的意外情况并避免发生。

二、客房服务员从房间把衣服收走的时候，有没有检查核对一下洗衣单？按照饭店的规定，服务员在拿到客人要洗的衣服后，服务员要做的第一件事，就是检查洗衣单上写没写房号、房号是否清楚和正确，然后是清点数量，对衣物进行检查、登记，还要检查衣兜内有无客人忘记掏出的物品。如果收到衣服的时候核对一下房号，就是客人自己写错了，服务员也会及时发现，那么这件事情也许根本就不会发生。

管理和服务都应从细节上去考虑，从客人的角度去考虑。因此，这件事从表面看是客人写错了房号，但它的根源是在管理和服务操作的环节上。

75. 错上加错

◆ 案例

客房服务员小石负责客房的清扫工作。上午工作结束后，到了吃中午饭的时间，吃饭时应把磁卡钥匙交给领班。饭店有“不得将磁卡钥匙带离楼层，离开楼层时须将钥匙交给领班”的规定。但小石嫌麻烦，没有将磁卡钥匙交给领班，带着磁卡去吃饭了，而领班也没有核对磁卡。

小石吃完中午饭，回到自己所工作的楼层。当小石推起工作车准备继续清扫客房卫生时，发现自己工作用的磁卡钥匙不见了。小石非常着急，可是由于害怕，小石没有及时向领班汇报，而是自己悄悄地去找。楼道里、库房、食堂、垃圾箱里，都找遍了，也没有找到。到了下午快要下班的时候，该交磁卡了，小石一看不说不行了，才向领班汇报了此事。领班向主管做了汇报。

由于服务员用的磁卡钥匙可以打开整个一层楼的客房门锁，所以一旦磁卡丢失被别人捡到，将关系到饭店和客人的人身和财产安全，而且在采取控制措施之前，随时可能发生问题。主管马上将此情况向保卫部报告，安排保安加强对这个楼层的控制。同时安排技术人员对每一个房间的磁卡锁做了技术处理，取消了丢失磁卡的信息。

事后，按照饭店的《磁卡钥匙管理规定》，小石因为把磁卡钥匙带离楼层，造成磁卡丢失，并且在磁卡丢失后没有及时汇报，受到了相应的处分，还被扣发了奖金。小石没有按规定上交磁卡，而领班也没有及时过问收取，同样受到了处分。

● 评析

饭店的磁卡钥匙管理是一项非常重要的工作。磁卡钥匙的

管理，不仅是饭店管理工作的体现，更重要的是关系到饭店和客人的人身和财产的安全。作为客房服务员，必须从思想上高度重视，严格按照饭店的工作程序和标准执行。

此案例的发生，可从中看出几个问题。

一、服务员小石没有严格执行饭店的《磁卡钥匙管理规定》，由于嫌麻烦，在离开楼层时没有将磁卡钥匙交给领班，钥匙带离了楼层。

二、如果钥匙丢失后及时汇报，保卫部能在尽可能短的时间内，对客房门锁做出技术处理，发生安全事故的可能性也会随之降低。可是服务员小石发现磁卡钥匙丢失后，未及时向领班和主管汇报，而是自己去找，造成磁卡钥匙失控时间过长。从吃完中午饭到下班前，在如此长的时间里随时都存在着安全隐患。如果说不汇报是因为害怕，那么就不怕磁卡钥匙被别人捡到发生更大的事吗？违反规定将磁卡钥匙带离楼层、丢失磁卡钥匙、又不及时汇报，真是错上加错。

三、从案例中还能分析出一个问题，就是领班对磁卡钥匙的丢失应负一定的责任。因为制度不只是给服务员定的，领班同样也是执行者，而对于员工来讲还是控制者。到了吃午饭的时间，即使服务员没上交磁卡钥匙，作为领班也要询问督促收取钥匙。小石没有把钥匙交来，领班就不应该及时地问一下吗？由此看来，领班应负比员工更大的责任。另外在管理上也存在问题，制度不落实，管理就成了空话。

76. 200 元等于一份工作

◆ 案例

客房服务员小刘值夜班。晚上十点多钟，住在 2665 房间的一位日本客人来到服务台，向小刘询问，饭店有没有吹风机可以借用。小刘告诉客人说有。随后小刘按照饭店的规定，收取了客人 200 元押金后，把吹风机借给了客人。2665 房间的客人是旅行社接待的旅游团队的客人，他们将在第二天早晨退房离开饭店。

第二天早晨六点钟，这个旅行团的客人退房了。小刘想起了 2665 房间的客人借了吹风机还没有收回，马上跑到 2665 房间，看到吹风机放在桌子上，这正是前一天晚上客人借的吹风机。小刘想起客人借吹风机时交的两百元押金，就回到服务台拿出两百元押金，来到饭店大堂。这时客人乘坐的旅行车已经离开了饭店。小刘想：客人用完吹风机放在房间不还回来，估计客人是把押金的事给忘了。这时小刘心里核计开了：客人到底是不要押金了呢，还是真的忘了呢？就算是忘了，等客人想起来的时候，可能已经上飞机了。两百元钱对于日本人来讲算不了什么，也不可能为这两百元钱再回来要的。自己不说没有人会知道，最后小刘被这两百元钱征服了，悄悄的把钱装在了自己的兜里。

两天后，这个旅游团从外地返程，又回到了这家饭店。上一次住在 2665 房间的那位日本客人和旅游团的陪同，一起找到了服务台，说那天走时匆忙忘记了吹风机押金的事，现在要将押金取回。可这时小刘不在班上，别的服务员不知道此事。小刘在接班的记录上也没有记录此事。于是，两百元押金的事败露了，最后，服务员小刘被饭店辞退。

评析

客房服务员小刘，在金钱的面前没有经住考验，因为两百元钱栽了跟头，丢了工作。

按照饭店的规定客人借用吹风机要收取押金。案例中的客人在第二天离店时，由于要收拾行李走得匆忙及其他的忘记归还所借物品。但服务员在检查房间发现后应及时提醒，将押金归还客人。客人离店，服务员检查房间的目的是：有无客人遗忘在房间的物品、客房迷你吧酒水消费情况、饭店的设施有无损坏和丢失。

当检查房间发现客人忘记归还吹风机取回押金，如客人确已离开饭店，服务员应把事情写在工作记录上，并做好交接班。在领导上班后接班的服务员应及时向领导汇报，设法与客人及陪同联系。服务员应把客人的押金存放在服务台或者是客房服务中心，以备客人领取。

虽然一开始，小刘也追到了前台，客人已经离开了饭店。但是小刘最终没有把握住自己，认为客人不会回来了，只有自己知道，抱有侥幸心理。没想到这是一个返程团，客人又回到了饭店。小刘的“露相”看似巧合，但是如果要严格执行规定、不为金钱所动，不抱有侥幸心理，就不会有这种巧合。

小刘因为贪小便宜，为两百元钱付出了一份工作的代价。而在客人心中，失去的是对饭店的信任。

饭店的服务员，特别是客房服务员，在工作中会接触到各种各样的人和事，会见到各种稀奇的物品、书刊以及钱物，面对的是各种诱惑。所以作为一名客房服务员，首先要把握住自己，经得住各种诱惑。服务无小事，涉外无小事，服务员做的每一件事，都要做到对客人负责，对饭店负责，对自己负责。在被称为窗口行业的饭店，在外宾面前，服务员的所作所为还关系到国家的荣誉。

另外，通过案例中客人交付押金一事，也反映出该饭店存在财务管理上的漏洞。收退客人的押金不应由楼层服务员经手，而应按照相应的财务手续运作。因此，此案例的出现与该饭店管理制度上的漏洞是有关的，相应的制度是预防问题发生的基础，服务人员的品质是预防问题关键。

77. 是谁的责任

◆案例

很多饭店都有这样的规定，员工上班时要在员工更衣室换工服，并且不得将个人的背包和物品带到工作岗位；不得私拿私用客用物品。

在一家饭店发生了这样一件事：一天，客房二楼的一位员工向领班汇报说：看见服务员小郭在工作间往自己的书包里面装客用手纸和香皂。领班来到工作间，见小郭背着一个鼓鼓的书包正要下班。领班问小郭：为什么将自己的书包背到工作间？是否私拿了饭店的物品。小郭说："没拿。那么多人都把包带到岗位上，你为什么不管他们而偏偏管我。"领班将此事向客房部经理做了汇报。客房部经理通知了饭店保卫部，并和保卫部的工作人员一起来到了工作间。小郭不得不承认自己私拿了饭店的物品并从书包里面拿出了四卷手纸和四块香皂。

因为严重违反了饭店的纪律，小郭被饭店辞退了。客房部以此为例，对全体员工进行教育，组织员工认真学习《员工守则》。同时，客房部的领导对此事进行讨论分析，找出问题的根源，找出了管理上的漏洞。饭店的《员工守则》中虽然有"员工不得将个人的背包带到工作岗位"的规定，但是很多员工平时将背包带到工作岗位，领班、主管却没有过问和制止。管理人员不问，就是对《员工守则》的猥亵，是对员工的不负责。客房部重新强调了饭店的规定，要求员工从每一个人做起。

评析

饭店的各种规章制度具有极强的严肃性和权威性，饭店的每一位员工都要严格遵守。哪一位员工违反了制度，就应当受到相应的处罚。企业是员工的家，作为企业的员工，首先要做到对企业忠诚，共同维护企业的利益。客房服务员小郭私拿饭店的物品，实际上就是盗窃行为。如果这样的员工多了，多大的企业也经不起这样的内耗。

在事情发生后，客房部的领导没有就事论事，只对当事人进行处理，而是认真地分析，找出了问题的根源，即中客房部领导所

认识到的“管理上存在漏洞”。饭店有《员工守则》,有相关的制度和规定,但是对于背包上下班的员工,却没有人管,没有人问,放任自流。小郭犯的错误,实际是客房部管理人员平时没有严格地执行规章制度,缺乏问题意识。如果管理人员在平时发现违规现象及时地制止和纠正,小郭的事情也许不会发生。

因此,可以说此事的发生是管理人员失职的结果。平时的管理不严,是对员工的不负责。作为管理人员应该预防问题的发生,而不要等员工的违纪发生了再进行处理,也就是说,加强平时对员工的教育,减少和避免员工犯错误是管理人员的责任,“处理”终究是被动的。管理就是要抓点滴,抓落实。管理不抓落实,管理就成为空话。

78. 计时 24 小时的电话单

◆ 案例

618 房间的客人来到总台结账,当总台接待员向客人报上费用总额时,客人觉得不对,说自己只在饭店住了一天,而且没有其他消费。接待员告诉客人:在费用中除房费外,还有一笔费用是长途电话费。于是客人要求查看明细账单,发现账单中记录的一笔电话费有问题。这笔电话费的金额是 170 多元,客人感到奇怪:“我在住饭店期间没有打过长途电话呀。”客人又仔细一看更奇怪了:这不是长途电话,而是市内电话。后面的计时显示是 24 小时,电脑打的账单清清楚楚。

于是客人对电话费提出了异议,而且表示不可理解,要求电话总机重新核对账单。可是核对后的账单依然如此,没有发现错误。从账单显示的电话号码和打电话的时间,客人都承认。但客人对 24 小时的记时不理解:“我根本不可能打 24 小时的电话,再怎么打我也不能不吃饭不睡觉呀。”

后来经过总机话务员的分析，认为是客人打过电话后，对方将电话挂断，而618房间的客人没有把电话放好。因此饭店总机的电脑自动记时记费系统一直在记费，直到客人在24小时后再次拨打电话，才终止了计费。客人明白了原因后，虽然很不情愿，但由于是自己没有将电话挂好所造成的问题，自己也无话可说，把电话费付齐后离开了饭店。

客房部的主管知道了此事，组织领班对此事进行了分析和讨论：从客房清扫、客房领班到晚班服务员在操作中是否严格按照工作程序和工作标准去做了？从自身管理和服务工作中找原因、找漏洞，防止类似事情再次发生。

评析

此事的发生虽是客人打电话后没有将电话机挂好所致，但是从客房服务员和领班的工作程序和工作标准来看，是可以发现和避免客人损失的。

客人在房间内打完电话后，有时会由于着急外出而电话没有挂断。这时，电话的记费也就没有中断，如果客人不再次打电话，记费就一直在继续。这样的后果是，一方面会给客人造成不必要的损失；另一方面，如果客人结账时对电话费提出异议，也会给饭店造成麻烦。而这期间如果有外线电话找客人，还会因为电话占线打不进来，耽误客人的事情。

在24小时内，有多少服务人员进入过该房间。客房服务员清扫卫生进过；清扫后领班检查房间进过；晚班服务员开夜床进过。而以上进房间的任何人员都有对客房的设施设备进行检查的职责。如检查电话时，应拿起电话听筒，听一听是否有蜂鸣声。从此实例说明，他们当中的任何一个人，都没有按照工作标准和要求去做。幸亏是市内电话，如果客人打的是长途电话或者是国际电话，客人的损失就可能是成千上万元了。所以说，客人的这笔电话费如果由服务人员来承担，是一点不为过的。

饭店经营机构是服务机构，客人是消费者，因此饭店在经营中更应该维护客人的利益。这样，饭店才会吸引更多的客人。作为服务提供者应明白：不是顾客依靠我们，而是我们依靠顾客。顾客是我们的衣食父母。因此作为服务人员，必须要严格执行各项工作标准。对于出现的问题，要找出自身的原因，并避免再次发生。从此案例中客房部的主管组织领班讨论分析，从管理上找原因，说明他们是认识到了这一点。

79. 还是我自己看吧

◆ 案例

夏天到了，晚上人们都愿意到外面散步聊天。为了给住在饭店的客人提供一个休闲放松的场所，同时也为了增加饭店的经营销售点，增加营业收入，由销售部策划并与餐饮部共同在饭店的楼顶平台开设了消夏啤酒花园。

为了使住在饭店的客人对消夏活动有所了解、吸引住店客人消费，销售部制作了宣传卡片，分发到客房，放在文具夹内。

这天下午，一位客人向正在为其清扫客房卫生的服务员询问，饭店楼顶的啤酒花园晚上几点开始，营业到几点。可是这名服务员却回答不上来。服务员说：“对不起，我给您看一下。”说着走到写字台前，翻开文具夹看了里面的宣传卡片后告诉客人：啤酒花园的营业时间是晚上 7 点到凌晨 1 点。随后客人又问都有什么牌子的啤酒。服务员还是回答不上来，又说：“对不起，我再给您看一下。”当服务员又要翻开文具夹的时候，客人有些不耐烦地说：“算了，你不用看了，要看还是我自己看吧。有你去看的工夫，我自己早就看完了。你们的饭店搞活动，服务员却什么都不知道。估计这个啤酒花园也不会有什么意思。晚上我还是到饭店外面走走吧。”

评析

虽说是由销售部策划并与餐饮部联合推出了消夏啤酒花园的活动,但从整体上来讲这是饭店的经营活动,不是某一个部门的事,因此饭店任何部门的员工都应当了解活动的内容,当有客人问起的时候能够马上回答上来。因为客人面对的是饭店,饭店所有部门的人在客人面前都有服务的职能,客人并不管谁是哪一个部门的。

作为饭店的服务员,虽然部门不同、岗位不同,虽说有专职的销售人员,但所有员工都应具有销售意识。更应当做到服务过程当中的适时推销,主动向客人介绍。消夏啤酒花园的宣传品已经放入房间的文具夹,客房服务员不是不知道。而是认为啤酒花园与客房部、与自己无关,自己只管做好自己的工作就行了。

在饭店的经营活动中,为了吸引更多的客人,增加饭店收入,会根据不同的季节、不同的节日,推出一些活动和新的服务项目。饭店每出台一项新措施、每增加一项新的服务项目,都属于员工应知应会的内容,都要对每一位员工进行培训,并对员工应知应会的内容进行考核;同时要培养员工的全员销售意识,让每一位员工都知道为自己的饭店操心。

主动销售是每一位服务员的义务,每一位员工应抓住每一次促销的机会。饭店有多个部门,但应是一个整体。饭店的销售仅仅依靠销售人员是远远不够的。销售人员为饭店"拉"来了客人,服务员要用服务"留住"客人,同时通过服务进行新的促销。客人的第一次入住是销售人员的事,而客人是否再次入住就是服务的问题了。培养员工的销售意识和整体意识是饭店经营发展所不可缺少的。因此,服务本身就是一个销售过程。

80. 洗手间里的抹布

◆案例

饭店的质检人员每天都要到饭店的各个区域巡视、检查。一天下午，质检人员在客房区域巡视，到了九楼，走进楼层的公共卫生间，卫生间的卫生没有什么问题，整洁、没有异味。可是他们看到在卫生间洗手台的台面上，一块折叠整齐的抹布放在那里。质检人员认为是服务员清扫完卫生后遗忘在那里的，心里琢磨：这服务员卫生搞的挺好，可是怎么丢三落四呢？就随手把抹布拿了出来。

第二天，质检人员又巡视到九楼，走进公共卫生间，又看到台面上放着一块抹布。看来前一天的抹布不是服务员遗忘的，可是质检人员却搞不明白是怎么回事。于是找到九楼的领班，询问卫生间洗手台面上的抹布是怎么回事。领班说服务员在搞卫生间的卫生时，发现洗手台面上总是有很多水和洗手液的沫子，估计可能是客人在洗手时不注意，把水和洗手液的沫子溅到台面及周围，服务员搞起卫生来很麻烦，后来想了个办法，在台面的洗手盆旁边放上一块抹布，客人在用完卫生间后洗手时，水和洗手液的沫子溅到抹布上就被布吸收了，擦台面搞卫生就省事了。看得出领班还为服务员想出这个办法有些得意。

这回质检人员明白了，在台面上放一块擦布原来是服务员为了搞卫生省事。掌握了情况以后，质检人员要求马上把卫生间台面上的抹布撤掉。随后将这一情况通知了客房部，客房部经理组织部门的主管和领班就这件事展开了讨论：第一，服务有没有标准，服务是为了客人方便还是为了服务员方便。第二，客房部的员工及管理人员有无权力随意增减服务设施，更改服务标准。第三，客房部的各级管理人员为什么没有这种问题意识。

评析

从以下几个方面对质检人员发现的问题进行分析：

首先，从工作标准和服务质量讲，在公共客用卫生间里面是不应该有抹布的，而抹布更不应该放在洗手台的台面上。卫生间是为客人提供服务的地方，抹布是服务员做清洁用的工具，放在那里既不雅观也不卫生。卫生间就是供客人使用的，做好卫生间的保洁就是服务员应做的工作，这是不同角色的不同职能，而认为是客人不注意溅上了水和洗手液的沫子是没有道理的。洗手用的台面在客人使用过后，溅上水是很正常的。如果想要不溅上水，除非不让客人使用。服务员在台面上放抹布只考虑的是自己工作起来方便省事，而没有考虑客人的感受，缺少的是宾客意识。因此在服务中应充分考虑如何方便客人，才是酒店的管理人员和服务人员去想、去做的。而不为客人着想，只想如何使服务员工作起来方便的"服务"则不能称其为服务。

第二，在管理正规和严格的高星级酒店，对各种设施物品的管理和摆放都是有严格的标准的。客房部的各级管理人员都无权增加和减少。而作为一名领班仅仅为了使服务员工作起来方便就擅自决定增加物品，是缺乏管理意识和权限观念的表现。

第三，管理人员要有问题意识。楼层领班在日常检查中应有发现问题的意识和能力，特别是平时工作中一些细小的问题，发现后要及时纠正，而不能对问题视而不见，不要忘记自己的工作标准和职责。另外，这个问题也不仅仅是领班的责任，问题是质检人员发现的，那么客房部的主管和经理为什么没有意识到呢？因此，这件事虽然是发生在员工和领班身上，但却是客房部管理者一连串的管理问题。

从客房部对此事的处理，说明了部门对质检人员发现细节管理问题的重视。没有就事论事，而是举一反三，"小题大做"，组织主管、领班展开讨论。强调标准和质量，强调问题意识和权限观

念,使大家明白:服务是为了客人方便,而不能只考虑服务人员工作时自己方便。

81. 写字台上的烟头

◆案例

一天早晨,在320房间办公的一位职员,找到楼层领班反映:早晨上班进到办公室有一股烟味,在写字台上还有一个烟头,昨天晚上一定有服务员在办公室吸烟,因为晚上只有服务员能进来。我们办公室没有人吸烟,对烟味都很反感,而且烟头还是放在写字台上,万一没有掐灭也很危险。

领班找到晚上负责清扫写字间卫生的服务员了解情况,这名服务员承认前一天晚上是自己在320房间吸了一支烟。原来,这名服务员由于家庭原因而心情不好。晚上清扫卫生时,写字间的职员都下班了,在房间内抽一支烟也不会有人知道,就坐在房间内抽了一支烟,抽完后把烟头放在写字台上就去清扫别的房间了。

客房部的主管对这名服务员进行了严厉的批评。一是因为在客房内吸烟违反了工作纪律;二是违反了安全消防管理规定。依照《员工守则》的规定,给予记过失一次,扣除了全月奖金。以此为例,对员工进行安全教育和有关店规店纪的培训。

●评析

客房部根据不同客人的特点,安排不同的班次清扫客房卫生,满足客人的需求。而不是按照通常的习惯,白天清扫房间,影响客人办公。这体现了客房部“以人为本”的管理和服务理念。

服务员工作时间在客房内吸烟,认为是在晚上客人不在,领导也不在没人知道,存有侥幸心理。服务员在客房内是为客人服务，是自己的工作场所，而不是员工休息室；客房是客人的，服务员没有享用的权力；在房间内抽完烟，将烟头放在写字台上是非常危险的，因为服务员晚上清扫完卫生，离开房间一直到第二天职员来上班，一夜的时间，如果烟头没有掐灭，引燃写字台，后果不堪设想。

员工违反纪律，固然应受到相应的处罚，但是也从中反映出管理人员对员工工作缺少必要的检查。如果按照工作职责划分，服务员清扫过的每一个房间，领班都做检查，发现问题便及时纠正了。白天工作是这样，晚班也应如此。如果写字间的卫生在晚上清扫后，有管理人员逐一检查，写字台上的烟头在前一天晚上就会被发现。如果管理人员每天都检查，服务员也就不会在客房内抽烟。

检查晚班清扫客房卫生这一职责，可以根据具体情况安排专职领班、可以交给客房服务中心的晚班主管或领班，也可以由每天晚上客房部的值班人员来完成。因此这一问题的发生，虽说是员工的自觉性和安全意识问题，实际上也发现了客房部管理的一个漏洞。

另外，作为管理者，不仅在工作中严格要求员工，还应在生活上多关心员工，尽量帮助他们解决困难。工作中对员工要注意观察，发现员工情绪不对，应及时了解，与员工沟通交流，必要时可临时更换工作岗位，调整工作环境，以免其低落的情绪影响到工作。

82.“小笑脸”提示牌

◆案例

饭店的当日退房时间是中午12点。所以，中午是住店客人离店退房的高峰，同时也是新到店的客人入住的高峰。如果是在

经营旺季，客房的周转是一个较突出的问题。客人刚刚退房，房间还没有来得及清扫出来，新到店的客人不能及时入住，因为没有清扫过的客房不能出租给客人。

有预订客房的客人到饭店后不能及时入住，觉得饭店不讲信誉，经常发生客人对总台接待员发脾气的现象。因此，这时总台接待员的压力就比较大。另外，没有预订的客人进入饭店到总台一看不能马上入住，就会另找其他饭店，造成客源流失。

客房部的管理人员对这种情况很是着急。大家在一起分析客人不能及时入住的原因，研究解决这一问题的办法。脏房不能及时清扫有以下原因：

第一、上午至中午是客人退房离店的高峰，退房量较大。第二、清扫客房卫生的服务员一上午不停地工作，但经常是干不到点儿上，主要原因是不能及时掌握客房的房态，哪个房间是住客房，哪个房间是走客房。当旅游客人的房间卫生清扫出来了，可旅游客人一般是早晨出去，一直到晚上才回来。可是走客房清扫不出来，新到的客人就不能及时入住。因此在旅游旺季，就应先清扫走客房，而旅游客人的房间就可以在下午清扫。

虽然客房部每天都会用电脑打出房态表，服务员每人手里的工作单上都注明了客人抵离饭店的日期，但是除团队客人以外，散客的实际离店退房时间并不准确，因此负责清扫客房的服务员也不能掌握哪间客人先退，哪间后退。

但是怎么才能使服务员最快地知道哪一间是走客房呢？大家想出了一个办法：制作一个与“请勿打扰”牌大小相同的黄色小牌子。因为黄色比较醒目，上面印上“已退房”字样。在客人退房负责查房的服务员检查完房间后，将这个牌子挂在该房间的门外把手上，清扫房间的服务员一看到挂着“ 已退房”牌子的房间，就知道这间房是走客房了，马上就去清扫。大家认为这是一个好办法，可就是觉得挂在客房的门外，服务员一看是明白了，能否再做得温馨一些呢？最后决定将“已退房”三个字改为一个“小笑脸”

图案。客人看着舒服,服务员看着明白。

这么一个很简单的办法,就解决了走客房不能及时清扫、客人不能及时入住的问题,提高了工作效率,使客房尽可能快和多地出租,减少了到店客人在前台的等候时间,减少了客源流失,为饭店创造了效益。

● 评析

这个案例是客房管理小创新解决大问题的一个实用性事例。由于客房卫生不能及时清扫,或者是清扫出来的客房与总台销售不匹配,而使新到店的客人不能及时入住导致客人等待或另寻它处。这是很多饭店都存在可是又没有什么好办法的问题,也是令饭店管理者头疼的一件事。

服务员一直在不停地干,但是没有干到"点儿"上。这其实是一个管理上如何合理地安排协调员工工作的问题。饭店的客房部管理人员不是在那里干着急,催促着服务员抓紧干,而是应该积极地想办法,分析原因。

在一般饭店客房的门上有三个牌子:"请勿打扰"、"请即打扫"和"早餐卡"。而这家饭店的可贵之处在于开拓思路、勇于尝试出新,在门上又加上了一个牌子——"小笑脸",简单实用,花钱少,收益大;客人看着舒服,服务员看着明白;使客房能够在最短的时间内出租。这正应了那句话:没有做不到的,只有想不到的。

83. 让领班去解决

◆ 案例

一天下午在北京某饭店的客房区域,一位身穿蓝色西装的先生从十楼往下一层一层地巡视查看。每到一个楼层,他就走进楼层的卫生间看看,推开工作间的门看看。看到楼道里的工作车没

有放好，就用手推一推扶正，还不时地在手中的本子上记着什么。

巡视的人是饭店的客房部经理。为了了解和掌握自己所管辖的客房部员工的工作和卫生状况，他每天都要抽出时间到各楼层巡视一遍。

当他巡视到五楼，推开工作间的门时，看到两名服务员坐在那里聊天，而此时正是工作时间。工作间是开班组例会、存放工作用具和服务用品的地方。楼层服务员每天早晨的班前例会就在这里进行。开完例会后，服务员就应该离开这里开始自己的工作了。到了下班前，才可以将工作车推回工作间，整理工作车添补用品，为第二天的工作做好准备。

看到经理走进来，坐在那里聊天的两位服务员马上恭敬的站起来："经理，您好。"经理也予以回礼。然后两位服务员做错了事似地离开了工作间。

回到客房部办公室，经理把在五楼工作间遇到的事情告诉了楼层主管，请楼层主管去向五楼的领班了解情况。

快要下班时，五楼的领班找到了经理下午在工作间遇到的两位服务员了解情况。原来是因为当天退房离店的客人较多，为了使新到店的客人能尽快地入住，他们突击"抢"出了一批空房后，到工作间休息了一会儿。恰巧这时经理推门进来。在了解了情况后，领班对他们为保证客房最大限度地出租，突击"抢"房的做法给予了肯定。但还是告诉他们，事情的发生虽然有些原因，但是饭店的各项规定和纪律是不能违反的，不能因为工作，就成为违反纪律的理由而加以原谅。

评析

在饭店客房部的工作当中，这是一件很平常的小事，但反映出作为一名管理者在工作中有效而严谨的管理方法。

首先，客房部经理对于客房部的工作非常重视第一手资料的掌握。为了了解和掌握一线人员的工作、服务和卫生情况，每天到楼层巡视，并将发现的问题记在自己的笔记本上，而不是只坐在办公室听下级的汇报。这样才能使管理具有针对性，把管理落到实处。

第二、客房部经理发现了服务员有违反纪律的现象后，没有当场"抓现形"进行批评、训斥。一方面避免了由于另有原因而使员工受"冤枉"；另一方面从级别、职务而言，只要是领班以上的管理人员，都有权对服务员发号施令和批评，但经理没有那样做，而是与服务员互相打招呼问好。事后按照层级通知主管、领班去调查解决，采取的是垂直领导的方法。多头管理、越级管理会造成管理上的混乱，可能会使下级管理人员无所适从。还会使员工对管理产生抵触情绪：谁都比我们官儿大，谁想说就说我们。对于员工而言，只应有一个上级。多头领导是管理工作中的大忌。

第三、客房部经理的做法，对主管、领班等基层管理人员是一种提醒和促进，也是对自己下级人员工作的支持和尊重。一方面由主管、领班去解决问题，有利于基层管理人员在员工中威信的树立；另一方面也会促使主管、领班在自己身上找原因：经理能发现的问题，在我们自己身边为什么就没有发现呢？

第四、给领班了解问题出现的原因留有余地。经理在巡视中看到的可能只是现象，任何事情的发生，总会有其原因的。如果不去了解情况，不分青红皂白当场一顿批评，反而有可能使问题朝着不利的方面发展，或是伤到员工的自尊心，进而产生抵触情绪。另外从当时的情况看，员工像"做错了事似地离开了工作间"，说明员工当时已经认识到自己的不对而感到"心虚"，可能会比当场批评一顿有更好的效果。

在管理中处分和处罚是必要的手段，但正面的、积极的做法，也会起到积极的作用的。管理是科学，管理又是艺术。

84. 卫生间里有人

◆ 案例

住在729房间的客人是一位女士。晚上客人回到饭店，乘电梯来到自己所住的楼层，一边往自己的房间走去，一边拿出房间钥匙。当快要走到自己的房间门口时，她看到自己房间的门是开着的。走进房间，里面没有人。客人有点纳闷：门为什么是开着的呢？是我自己出去的时候没有关门，还是有人进来了？正想着，忽然从关着门的卫生间里传出细小的声音。客人害怕起来，赶紧跑出房间找到服务员，对服务员说："我的房间里有人，在卫生间里，你去看一看是怎么回事。"服务员听完后告诉客人："我刚才到房间为您开夜床时，发现卫生间的龙头有点漏水，我就通知了工程部，现在水暖工正在修理您房间的水龙头。"客人听完后，有些不高兴。"水暖工在卫生间里修理龙头，我房间的门大开着，当我走进房间的时候，水暖工一点儿都不知道，还吓了我一跳。要是别人进去，丢了东西怎么办？"服务员连连向客人道歉。

第二天，值班人员将这一情况反馈到客房部，客房部的管理人员认为，这种情况，确实容易吓着客人，同时也是一个安全隐患。经过大家研究，找到了解决问题的办法：制作几块维修提示牌，50厘米高，20厘米宽，上面分别有中文和英文"正在维修"的字样。在一般情况下，维修人员进入客房维修，由服务员在现场陪同。如果是稍微复杂费的维修项目，工程部的维修人员在进入客房时，把维修提示牌立在房间门口。如果在维修中客人回来，一看便知道是饭店的工程维修人员在工作。如果遇很复杂的项目，则应当征求客人意见，为客人调换房间。

自从使用维修提示牌以后，就再没有发生过在客房维修吓到客人的事。

评析

案例中客人遇到的问题，不只是在个别饭店存在，而在许多饭店都发生过。维修人员在客房内工作时，特别是在卫生间内工作时，由于房间门开着，极易造成客人财物的丢失。在出租的房间内工作时把客房的门关上，又是饭店所不允许的。另外，维修人员穿的工服不如服务员的工服醒目，很不容易辨认出是饭店的服务员。一般维修人员在礼节礼貌、语言应变、宾客意识等方面又不如一线服务员应付自如，常常会使客人吓一跳或引起客人的误解。

案例中客房部的管理人员，对客人提出的意见非常重视，认真研究及时解决，制作了维修提示牌，说明在管理和服务上是以客人为中心的。在维修工作时，提示牌立在房间门口，坏人见到会知道房间内有饭店的工作人员，不敢随便进入；客人见到，会马上明白是饭店的维修人员在工作，使客人有了安全感。

可是，在客人提意见之前为什么就没有想到制作维修提示牌呢？这个问题一直是存在的，为什么管理者就没有发现呢？这是值得反思的。把服务做在客人开口之前才称得上是优质服务。当然，出现了问题及时解决，及时改进也是可取的。而更重要的是提高管理者的问题意识，能不断发现管理和服务中存在的问题并加以改进。当问题出现了才去解决并拿出措施总是被动的。

因此管理应当提倡主动，提倡换位，管理者应当站在客人的角度想问题，才能不断地预见问题、发现并解决问题。吃一堑长一智固然是应该的，但是在服务和管理中，更应做到举一反三。

85. 服务员怎么这么快就来了

◆ 案例

某饭店的客房取消了楼层服务台，楼层没有服务员值班。可是不管是在哪个楼层、哪个房间的客人，如果有事把电话打到客房服务中心，不到两分钟，就会有服务员来到客人的房间，为客人提供服务。楼层没有服务台，看不到值班的服务员，为什么服务员这么快就能来到房间呢？原来，客房部为客房服务中心的服务员和楼层领班每人都配备了无线对讲机。当客人把电话打到服务中心后，服务中心的值班员通过对讲机呼叫，离客人最近的服务员就会来到客人的房间。

饭店取消客房楼层服务台有以下原因：一是客房是客人的居住、生活区域，应具有一定的私密性，饭店应为客人创造安静、舒适的环境。如有服务员在服务台值班，客人进出会有受监视的感觉。二是取消楼层服务台可以节省人力，节省开支，减轻企业负担。三是服务员从在坐等式的服务改为走动式服务，变被动服务为主动服务。

可是楼层没有服务台，客房服务中心不能及时掌握客人的需求，并且与服务员的信息沟通不畅，就不能及时地为客人提供服务。为了解决信息传递迅速，实现对客服务及时，客房部为服务中心的服务员配备了对讲机。

在配备对讲机之前，客房服务中心与楼层服务员以及楼层领班之间的联系是通过总机使用寻呼机传呼，然后再通过总机回复。在一定程度上影响了工作效率。在配备了对讲机以后，由于可以直接对话，减少了沟通环节，缩短了信息传递的时间，在走客查房、为客服务、报修设备以及紧急情况处理等方面的效率有了明显的提高，减少了客人的等候时间。

为了避免使用对讲机时对客人的影响，还配备了小巧的耳机。同时要求通话时使用统一规范的呼叫用语，减少了工作区域的噪音，成功地将现代通讯工具运用到了服务工作中。

评析

过去的饭店一般都在楼层设置一个服务台，客房服务员在服务台盯台值班，迎送宾客，可以做到随时为客人提供服务，这样会使客人有热情体贴的感受。但这种服务方式，一是由于服务员人数较多、交接班人员较多，不能保证使客人有一个宽松安静的环境；客人出入也有受控于服务员的感觉。二是要占用较多的人员，企业人工费用大。三是坐等服务的官商作风已不能称其为服务。因此现在的饭店很少设置楼层服务台的。

现在较多的饭店是设立客房服务中心。由于没有楼层服务台，因此建立客房服务中心要有电视监控系统、电子磁卡门锁系统和保安人员巡逻等相应的设施和安全制度作为前提保障。但是不设楼层服务台，也会使客人感觉有许多不便，客人如有服务需求，不能马上找到服务员。因此为了及时掌握客人的情况和及时满足客人的服务需求，客房服务中心与服务员的联系和沟通成为主要问题。很多饭店为服务员配备了寻呼机。但是相比之下，使用对讲机传递信息具有方便直接的特点，客务中心可以随时了解服务员所处的位置，使服务更快捷，提高了工作效率。

使用对讲机的缺点是噪音大，易对服务环境造成噪音污染，并且客人会听到一些不应该听的内容。因此配备耳机和规范呼叫用语就使这个问题得到解决。这说明了管理者对细节的重视。为服务员配备对讲机也是饭店管理服务现代化、规范化的表现之一。同时也有助于客人获得更大程度的尊重和满足。

86. 毛毯换成了棉被

◆ 案例

北京某四星级饭店前台，一位客人正在办理入住手续。客人对前台接待员说："我要住六楼的房间。""对不起，六楼已经没有空房间了。八楼的房间可以吗?"客人说："我就是想要六楼的房间。因为六楼的房间床上是棉被，其他楼层都是毛毯，我不喜欢用毛毯。"接待员一听，就对客人说："现在我们饭店所有的房间都换成了棉被。"客人高兴地说："行，只要是棉被，哪层楼的房间都可以。"

为什么有的客房是毛毯，有的是棉被呢？原来这家饭店的客房和大多数饭店的客房一样，都是使用毛毯做床，并且已经延用了多年。用毛毯做出的床平整、紧凑，外观效果非常好。但是服务员在为客人整理房间时，总是看到客人睡过的床上，包着的毛毯和床单全都拽了出来。

在一次饭店组织外出旅游时，客房部的经理和主管们体验了睡毛毯的感觉。晚上就寝时，由于床尾毛毯的边角包得非常紧，睡在毛毯里面，人的脚不能伸直，非常难受。另外，毛毯的上边一般距床头有30厘米。当人躺下后，毛毯盖不到脖子，整个肩都露在外面。睡觉时，要想能伸直腿、盖上肩膀，就必须把包着的床单、毛毯都给拽出来。这回他们明白了客人为什么睡觉时把床上的毛毯全拽开了。原来睡这样的床并不舒服。

回到饭店后从自己的感受想到了客人的感受，经过调研和讨论，客房部写出报告。经上级批准，决定购进一批踏花棉被，在六楼试用，听一听客人的反映。没有刻板的包角折叠，更有居家的温馨舒适。经过一段时间的试用，客人反映很好，都说盖棉被柔软轻松，睡觉舒服，后来全饭店的客房都换成了棉被。

虽然所有的客房都改为棉被做床，但是在客房的壁柜内还放有一条备用毛毯，是为了满足客人的不同喜好和需求。

评析

案例通过客房部的管理人员在一次外出时，自己使用了毛毯后的感受而想到了客人的感受，自己当了一回客人，进行换位思考。了解客人的需求和感受，充分体现了以人为本的管理理念和服务理念。饭店客房使用毛毯，是高档饭店多年的"规矩"。但是在管理和服务中，要发挥创造性，只要是对客人有利的，对饭店有利的，就要勇于改变旧的习惯和观念。

毛毯问题并不是客人提出来的。但是饭店将客房的毛毯换成为棉被后，受到了客人的欢迎。要做到以人为本，为客人提供优质的服务，除了把客人想到的要替客人做到，客人没想到的也要替客人想到而且做到。把完美的服务和感受留给客人，使客人享受到细微化、个性化的服务。要想为客人提供优质服务，做好个性化服务，就要走近客人，细心观察和体验，只有站在客人的角度去看问题，分析问题，努力发现并解决问题，才可能收到实效，使客人体会到"宾至如归"的感觉。

对细节的关注和改进换来了客人的舒适和满意。无论是管理人员还是服务人员，在工作中多注意细节，以细致入微的服务赢得客人，就是赢得了市场。

目前，大多数高星级饭店的客房，已经将外观漂亮的毛毯换成了舒服实用的棉被。饭店的各项服务朝着人性化和实用化发展。毛毯换棉被只是饭店人性化变革的内容之一。质量更高、客人更满意的服务，要靠饭店的管理者和服务人员不断地总结、发现和创新。

87. 免费提供婴儿床

◆ 案例

北京某饭店是一家知名老店，以前主要接待国外的公司客户和商务客人。

随着旅游业的发展，饭店写字楼迅速增多，旅游市场竞争日益激烈，老饭店的经营优势已经逐渐消失。因此这家饭店也由传统的会议型酒店向商务、旅游方向转变。这家老饭店在保持和总结自己多年的管理经验的同时，及时转变经营观念，以适应市场需要和自身的发展。在管理上注重细节，在服务上追求个性化、人性化。为了满足不同客人的需求，也为了吸引更多的客人，饭店把客人的利益和感受放在第一位。为满足带小孩儿的客人的需要，客房部购置了五张婴儿床，同时还准备了一次性纸尿裤，免费提供给客人。

带小孩儿的客人住在这里，晚上睡觉时把小孩儿放在四周有护栏的婴儿床里，再也不用担心孩子睡觉摔下来，大人也可以睡个踏实觉了。

● 评析

饭店为带小孩儿的客人免费提供婴儿床，其实不是什么新鲜事，现在很多饭店都备有婴儿床。但是对于一家国营老饭店来说，是一种经营和管理观念的转变。一家企业要想在当今市场上站住脚，不能靠坐吃老本，必须主动出击。为带小孩儿的客人提供婴儿床，虽是服务的人性化，但其本质却反映出管理上的细微化。

如果收取带小孩儿客人的加床费，客人在经济上不划算，而且婴儿自己睡在一张床上也不安全，有可能从床上掉下来。免费提供婴儿床，以及外带的婴儿纸尿裤、婴儿枕头等物品，意味着饭店要从经济上有所投入，而且没有直接回报。可是看着自己的小孩儿睡在有护栏的婴儿床里，家长也可以睡个塌实觉。因此饭店考虑的是客人的利益，也是饭店的长远利益和社会效益。

以客人为中心设计服务，就会通过有效的管理手段达到使客人获得最大的满意度。在日常的管理和服务上没有多少大事，大部分都是小事，只要细微化、人性化地去处理最能使人感动，也是当今饭店业发展的方向和生存手段。

88. 自助烫衣

案例

众所周知，在饭店的客房内，是不允许客人使用电熨斗及电加热器具的。主要原因就是不安全。电熨斗一般功率较高，热量大，客人在客房内使用，饭店不易控制，容易发生火灾，威胁到饭店和客人的人身、财产安全。根据《中华人民共和国消防法》的有关规定，北京市公安局涉外饭店管理处在《北京旅行游览住宿安全指南》中向住宿客人提示：“依据中华人民共和国消防法有关规定，住店客人应遵守以下规定：……勿在客房内使用燃油或液化石油气等炉具和各种电加热设备；……未经同意，不得在客房内加装其他电热设备”。

有很多住饭店的客人对自己的着装很在意，不允许自己穿的衣服有一点褶皱。由于人们在外出时要把衣服放在旅行包或者手提箱内，到饭店后拿出衣服总会有一些褶皱，穿起来不好看。不用饭店的洗衣房洗涤熨烫，一是因为每个人的消费情况不一样，有的客人会觉得费用高，二是衣服取送时间不是很随意。所以有些客人在外出时就会带上一个电熨斗，入住到饭店后，将压褶皱的衣服的边角、袖子等部位进行简单地熨烫或随时要穿随

时熨。

可是在客房内使用电熨斗而发生火情甚至火灾的事经常出现。客人用完电熨斗忘记切断电源放在地毯上，把地毯烧糊引起烟感报警；电熨斗将床上的毛毯、床罩烫坏；将电熨斗放在写字台上把写字台烫坏的现象时有发生。对于此类事件的处理，无论是对于饭店还是客人，总不是愉快的事。

是不顾安全违反规定，允许客人在房间自己熨烫衣服，还是坚决执行安全条例，不允许客人在客房内使用电熨斗，同时要求客人将需熨烫衣物一律送到洗衣房？显然这两种办法都不合适。

安全条例必须执行，客人的需求又必须想办法满足，有没有两全其美的办法？北京的一家饭店完美地解决了这个矛盾。

一方面要求洗衣房在洗涤熨烫客人的衣物时，无论是普通服务还是加急服务，都要做到准时并尽量提前送回。当然这是要收费的有偿服务。另一方面，如果客人想要自己熨衣服，客房部在楼层的客房服务中心，辟出了一块约 8 平米的地方，制作了一个工作台，购置了熨衣板、电熨斗、喷水壶和垫布等一套熨烫工具，供客人自助烫衣。因为客房服务中心是 24 小时为客人服务，所以自助熨衣也是 24 小时向客人敞开。

这个自助烫衣间“开张”以来，到这里来熨烫衣服的男人、女人、中国人、外国人都有，受到了住店客人的欢迎，都觉得比自己带电熨斗还方便。

当然，在这家饭店，并没有因有了客人自助的服务项目而影响到正常的洗衣业务。因为客人只是对自己的衣物进行简单地熨烫，需要技术含量高的，还是要送到饭店的洗衣房。而如果没有这项自助烫衣，随身带电熨斗的客人依然会自己在客房内熨衣。

评析

安全问题是饭店的头等大事，没有安全就没有旅游事业，因

此饭店必须要严格地执行各种安全规定。但服务是饭店的产品，能否使客人满意，是服务质量的反映，安全和服务都关系到饭店的生存。

案例中的饭店就很好地解决了这个矛盾。客人在房间内使用电熨斗是饭店火灾的隐患之一。客人的具体情况不同，消费情况不同，严格执行安全规定不得在客房内使用电熨斗是必须的，可是还要考虑到客人的需求。要求客人的衣物一律送到洗衣房就等于强迫客人消费，唯利是图势必会使经营走入歧途。因此无论是管理还是服务，都要充分体现以人为本，想客人所想。

客房部在客房服务中心辟出了场地、购置了熨烫衣服的工具，就是在安全管理和对客服务上的以人为本。由于客人是在客房服务中心熨衣服，服务中心是 24 小时运转，因此客人熨衣服也是有服务员在场，属于能够控制安全的范围。自助式的环境客人也感到轻松、随意，有一种在家的感觉。

看来要做好服务和管理，只要动脑筋，为客人着想、为企业着想，维护客人和企业的利益，努力提高服务水平，追求细化，是有很多文章可做的，安全制度与人性化服务也并不是矛盾的。

89. 细微就是利益

◆ 案例

(一)某饭店，客房服务员正在清扫客房卫生。按照客房清扫的工作程序，拉窗帘、倒垃圾、做床、擦尘、吸尘后，该补充文具用品和客用品了，文具夹内需补充一支圆珠笔。服务员从工作车中拿出一支圆珠笔，没有直接送到房间，而是先在一张废纸上划了几下才放到文具夹内。为什么把圆珠笔放到文具夹之前先在废纸上划几下呢？

新圆珠笔的笔头上有一层蜡，是为了防止长期不使用而致使

笔油干燥，因此在使用前先要在纸上划几下。如果客房内的圆珠笔都没有把笔头的封蜡去掉，客人在使用时写不出来，就会随手在文具夹内的服务介绍和客户送餐菜单上乱划，有时笔头上的封蜡除去了，文具夹内的服务介绍也被划乱了。这给介绍也就作废了。笔头上的封蜡给客人带来了不便，也给饭店造成了浪费。意识到这个问题后，客房部要求服务员在将圆珠笔放入房间前先把笔头的封蜡除去。客人用起来方便了，服务介绍和送餐菜单的消耗也降低了，一举两得。

（二）虽然是在冬天，可是客房迷你酒吧的饮料销售和收入并不见少。这是什么原因呢？饮料销售有淡、旺季之分，冬天不同于夏天，有些人冬天就不喜欢喝冰凉的饮料。客房部的领导考虑到这一点，决定把冰箱里的饮料拿出一半，摆放在吧台上。这样一来想喝饮料的客人就可以在冷热之间进行选择。而且饮料摆在外面也有利于销售，因为人们在用与不用之间，视觉作用对消费起着很重要的作用，看到后就想喝。这一办法果然灵验，摆在外面的饮料销量大增，月营业额与夏季不相上下。

● 评析

服务员在把圆珠笔放入房间之前先将笔头上的封蜡除去、冬天把客房小冰箱内的饮料拿出一半，摆放在吧台上面。这看似微不足道的两个小举措，也体现了服务上的细微；也体现管理经营上的“变”和“新”。

饭店客房内的服务介绍和送餐菜单印刷精美、做工精细、成本较高。高档饭店对于客房物品的使用有严格的要求，凡是有破损和划有笔印的印刷品都不能再使用。因为客房内没有废纸，客人使用圆珠笔时想要除去笔头的封蜡，拿起什么纸就是什么纸。另外饭店也无法要求客人如何做。因此饭店的印刷品会因此造成很大的浪费，致使经营费用增加。

服务员将笔头的封蜡除去，此举的最大意义在于方便了客人的使用。客人从笔头上体验到了服务的细微，感受到服务提供方是站在客人的角度想的。而细微服务的同时也节省了费用。

天冷的时候，人们喝饮料的欲望一般不强。有的人偶尔想喝又不能喝，是因为饮料太凉喝下不舒服。将冰箱内的饮料拿到外面，一是增加了客人选择的余地，二是利用人们的视觉引起消费欲望。在满足了不同客人需要的同时，增加了饮料销售，保证了迷你酒吧在淡季不淡、收入不降。

上面两个小案例，反映了服务的细微和管理经营上的细微，从客人的感受出发，客人受益的同时，企业也在节支和增收上收到了成效。

90. 人人都要爱管“闲事”

◆ 案例

为了加强客房部员工的培训、提高员工操作和服务的标准及质量意识，客房部设置了专职培训质检主管。专门负责客房部员工培训计划的制定、实施；巡视检查各岗位员工的工作，发现并纠正工作中的问题，确定培训需求和培训课题。

在培训质检主管近一段时间的检查中，发现了一些看似不起眼但是反映出质量意识欠佳的问题。比如服务员在清扫客房卫生时，卫生质量基本都符合要求，可是客人扔在地上东一只西一只的鞋，服务员却不去动。当管理人员问到时，服务员会说：“我进到房间时就是那样放着的”。

客人退房服务员检查完房间后，却没有随手把房间内开着的灯关上。服务员也同样会说那不是他开的，进来的时候就是那样的。

领班或主管看到一位服务员从工作间走出来没有把门关上，服务员会说他刚才进来的时候门就是开着的。

客人在楼道遇见一位服务员，告诉服务员说一会儿有朋友来访，需要马上把房间清扫一下。服务员用手指着前边的一位服务员对客人说："您的房间是由他负责清扫，您去和他讲。"

客人和正在清扫房间的服务员讲，因为自己的吹风机插头和饭店的不一样，需要一个多用插头。服务员告诉客人："如果您需要插头，请您往客房服务中心打电话，电话是8800。"

楼层通道的地上有一张小纸片，一位服务员经过时从上面迈了过去；垃圾口外有一些遗撒物，来倒垃圾的服务员只把自己的垃圾倒了，却没有把周围的垃圾拣起；一服务员经过电梯，这时一位客人向电梯走来，服务员知道礼貌地向客人问好，但问好后就走开了，而没有伸一把手帮助客人按一下电梯按钮。

这些问题质检主管开始发现时，只是当场进行了纠正并没有太在意。但是后来发现类似的问题在日常工作中有很多，质检主管觉得，这不是一些小问题，而是意识方面的问题，在员工中缺乏企业意识、整体意识、补台意识。

于是这位培训质检主管决定，对员工做一次关于意识的培训。为了使大家便于理解，看得见摸得着，主管把培训题目定为《人人都要爱管'闲事'》。培训内容就来自于日常工作中的这些事例。

培训开始时，没有对员工进行批评，而是主管抛砖引玉地给大家列举了一些上述事例，然后把话题交给员工，请他们自己找一找，自己所做和所看到的都有哪些问题，于是在宽松的环境中，大家摆出了很多事例。

通过这次培训，员工在意识方面有了明显的提高。

评析

有时说起"意识"二字，会使人觉得太大、太深。但是在日常工作服务中，当服务员遇到与自己"无关"的事情时，是否能够做到多说一句话、多伸一把手、多走一步路？这就是各种意识在服务人员身上的具体体现。

作为企业的一分子，都应具有企业意识、整体意识。培训主管在检查中看到的现象，每一位当事人似乎都没有做错什么，问题的出现似乎也都是别人造成的。如果自己的家在没有人在的情况下，自己会不会随手把灯关上呢？外面在刮大风，自己会不会提醒家人多加一件衣服呢？因此，站在饭店整体的角度而言，员工应把自己看作大家庭中的一员，自己所做的一切都是为自己的家所做，家庭也需要每一位成员共同维护。客人对饭店的认识和评价，是通过一些小事做出的。

每一位员工在工作中是有具体的分工，但服务工作不是机械的操作，只管自己的一道工序，而是需要员工间互相补台。提高服务意识是在服务员掌握服务技能的基础上，进一步提高服务质量的重要因素。培训主管确定的培训题目《人人都要爱管‘闲事’》非常实际。

服务员在做好自己本职工作的同时，看到客人走向电梯，伸手按一下按钮；客衣收发员进客房送客衣时，听到水箱的滴水声，主动通知工程部修理；走路时看到脚下有纸片，弯腰拾起来；检查完房间随手把灯关上；外面在下雨，看到客人往外走，提醒客人带雨伞……

是的，饭店需要爱管这种“闲事”的员工，客人也需要这种爱管“闲事”的服务员。如果每一位员工都把自己遇到的“闲事”当作是自己的责任，那么这就是企业的希望。

另外，在本案例中，质检培训主管的培训方式也是很恰当到位的，因为员工的意识，不是仅靠要求、规定、批评和训斥就能够提高的，而是需要通过启发和培养，使其真正在思想上有所认识并有所提高。

91. 究竟是谁需要谁

◆ 案例

饭店销售部的销售员小李带着几位客人来到客房的楼层。客房服务员见到小李和客人走下电梯，对小李说："秀英，又带客人来看房啦？"小李回答："是啊。麻烦你帮我们开一个标准间请客人看看。""好的。"服务员用工作磁卡随手打开了一间客房说："这间客房是前面的客人刚刚退的，还没整理，你们就看这间吧。"小李对服务员说："能不能找一间清扫过的房间？""反正都是一样的客房，你们就看这间吧。"服务员说完后，转身去继续干别的工作了。

陪同客人进入房间，面对着前面客人用过的杂乱的房间和不新鲜的气味，销售员小李有些尴尬，歉意地对客人说："不好意思，您几位就看这间吧。最近我们饭店的客房出租率比较高。"客人走到窗前往外面看了看说："我们想看一间窗户朝向街面的房间。""好吧。"小李又找到服务员说："请你帮我们开一间窗户朝外的房间请客人看一下。"这时服务员显得有些不耐烦地说："房间都是一样的，再说那边的客房都是准备出租的房间。"

见这情景，其中的一位客人对小李说："那就算了吧，不麻烦你们了，我们先回去了，再见，李经理。"小李见状不好意思地说："这样吧，我们再到其他楼层看一看。"客人有些不耐烦："不看了，再见吧。我们还是到别的饭店看吧。"随即几位客人走出了房间。

销售员小李陪同的几位客人，是一个会务组的工作人员，他们是为一个有400人参加的会议来踩点儿的。但是在遇到这样的客房服务员后，会务组的工作人员把会议改到别的饭店了。

评析

在上面的案例中,客房服务员不正确的做法是:首先是不应当对销售员直呼其名,而对其身旁的客人不理睬;其二是不应当将前面客人刚刚退掉的还未经过清扫的脏房子打开供客人参观;其三是在客人表示想要看其他房间时,不应当拒绝;其四是服务员更不应该显露出爱搭不理、不耐烦的态度。

客房服务员正确的做法应当是:见到销售员和客人一行走出电梯,应当主动迎上前向客人问好,同时应当称呼销售员小李为"李经理"。通常情况下,服务人员对销售人员都应以职务相称。即使是一般的销售员,也应称呼为"某经理"。不能因为是一般的销售员,或者是因为平时关系比较熟,就忘记了自己和销售员都是处在工作环境、工作状态,而且还是在身边有客人的情况下。这样做的目的,一是表示对销售人员的尊重,使销售人员在客人面前有面子,便于开展饭店的销售工作,因为销售人员在客户面前代表的是饭店。

另外,服务员还应对客人的到来表示出友好和欢迎,展现出该饭店服务人员的精神面貌、服务水平和管理水平。在为客人提供参观的客房时,则应当把清扫好的、最好的房间"拿"出来给客户看,因为清扫好的客房,本身就是准备好供客人挑选的一种商品;而且主动参与客房的推销,也是饭店每一名员工的责任。

上面案例中因为服务员的态度问题,而使客人不愉快,造成客人的反感和饭店业务的流失,使饭店在经营上受了损失。服务员这样的态度,会务组的工作人员是根本"不敢"把会议定在这家饭店的,因为在客人看来,这家饭店的服务是不可能会好的,大批的客人住进来还不一定会是什么样呢?

案例中服务员表现出的态度,从表面看来是礼节礼貌问题和嫌客人参观给自己的工作带来麻烦的问题。其实更深层的问题是管理问题、是培训问题。客人是我们的衣食父母,客人的到来,

不是给我们的工作添了麻烦，而是带来了收益。

饭店的管理者在对员工进行劳动管理、业务技能等方面培训的同时，还应使员工真正明白一点：到底是客人需要我们，还是我们需要客人。

92. 应该向谁问好

◆ 案例

一天，客房部的张经理陪同几位前来饭店参观的同行来到客房楼层。一位客房服务员见到了，马上迎上前，恭敬的向张经理问好："张经理，您好。"张经理也对服务员说了一声"你好"。可是服务员并没有向经理身后的客人问好。随后张经理对客房服务员说："请你给我打开一个套间，请这几位客人参观一下。"服务员微笑着说："张经理请您随我来。"来到一间客房门口，服务员敲过门后，将客房的门打开，伸手示意："张经理，您请进。"而此时，张经理身边的几位客人显得有些不自在，张经理的脸上也显露出一丝不快，但马上引领前来参观的客人进入房间，向客人介绍房间的情况。

过了一会儿，张经理陪同参观的客人走出客房向电梯间走去。这时，服务员在前面走到电梯门口按了一下按钮。电梯门打开，张经理先请客人进入电梯，自己随后进入，服务员微笑着向张经理告别："张经理您慢走。"

● 评析

案例中客房部张经理的脸上为什么会显露出不快的神色？客人为什么显得不自在？是服务员在礼节礼貌方面出现了问题而使张经理在同行面前"现了眼"，同时还给客人带来了尴尬。

客房服务员在接待过程中，不正确的地方是：见到经理陪同客人来到楼层，不应当只向经理问好，而不向经理旁边的客人问好；不应当只对经理说“请随我来”，而不顾及客人的存在；另外，在打开客房的门后也不应当只对经理说“您请进”。

客房服务员正确的做法应当是：见到经理陪同客人来到楼层，应主动上前，面带微笑地向经理陪同前来的客人先问好，对客人的到来表示欢迎，然后再向自己的经理问好。问好的顺序应当遵循先客人后主人、先长者后幼者、先女士后男士、先上级后下级的原则。而在当时的情形下，经理是主人。

服务员在听明白经理陪同客人的来意后，应面向客人为客人指示方向。在为客人指示方向时，应手心向上或向一侧，五指并拢以肘关节为轴、前臂自然上抬伸直，上体稍有前倾，面带微笑；自己的眼睛看着目标方向，并兼顾客人是否会意到目标方向。这种手势有诚恳、恭敬之意。切忌用手指指点，因为这样含有教训人的味道，是不礼貌的。

为客人指路后，服务员应引领客人前往。在引领时，服务员走在客人的左前方，距客人两三步远，行走的速度不宜过快；遇有转弯处要停住脚步，面向客人，向所行方向伸手示意，到达所要参观的房间后，停住脚步对客人讲：“先生，您要参观的房间到了，请稍候。”待敲门后打开房间，插上取电卡，将门轻推至吸门器，向客人伸手示意：“您请进。”然后站立在房门的一侧并注意观察经理及客人的动态，由经理陪同客人交谈。如果经理请客人落座，这时服务员应立即为客人上茶。

经过对案例的分析，就不难明白客房部张经理的脸上为什么会显露出不快的神色，客人为什么显得不自在了。

其实客房部的张经理也应该有所思考，自己的部下不能说没有规矩，对自己的上司也不能说没有礼貌，但是服务员缺少的是对礼节礼貌的真正理解，最重要的是“对他人和自己的尊重”和“真诚”。看来该饭店对于员工的管理是有要求没有培训。因此过错不在于服务员，而在于管理者。

服务中的礼节礼貌体现在工作中的每一个细节,每一个细小的礼节礼貌知识都需要管理者对员工进行认真的培训,而培训也不只是告诉员工就可以了,还要包括讲解、训练和检查督导,使员工养成良好的习惯。员工的礼节礼貌是员工素质、饭店的服务质量和管理水平的直接表现。

93. 那不是客人扔的皮鞋

◆ 案例

客房部客房服务中心夜班服务员的工作职责中,有一项工作内容,就是定时到客房楼层区域巡视。巡视的目的包括以下几种:

一是处于客人及饭店的安全考虑。安全因素包括:查看有无闲散可疑人员或醉酒客人,如发现则以服务的面貌询问和观察,必要时通知大堂副理或保卫部;楼道、电梯间等区域有无可疑物品或客人随手丢弃的烟头及其他杂物;发现有无客人睡觉忘记关门的情况,如未关门应及时提示客人。

二是如有需要次日早晨在客房用早餐的客人,将早餐卡挂在客房门外的把手上,及时收取,并送餐饮部,保证按时将早餐送到客人的房间。

三是如有客人需要洗衣,将洗衣袋挂在客房门外,及时收取;有需要擦皮鞋服务的客人,将皮鞋放到客房门外的,收回到客房服务中心,擦好后及时送回原处。

四是发现并处理随时出现的其他情况并认真记录。

客房服务员小胡是一位刚参加工作时间不长的新员工,对以上情况并不了解。这一天,小胡上夜班,凌晨1点多的时候,小胡巡视到八楼,从远处看到楼道尽头的812房间门口的地毯上放着黑呼呼的东西,走近一看,原来是一双皮鞋,这双皮鞋很旧而且还比较脏。

小胡认为这是客人不要了扔掉的，心想，如果不要了，扔到客房的纸篓里，等第二天服务员清扫卫生时，随垃圾倒掉不就完了吗。于是小胡就将这双又旧又脏的皮鞋带回服务中心，扔到了垃圾桶里。

第二天早晨7点，客房服务中心的电话响了。这时小胡还没有下班，小胡拿起电话："你好，这里是客房服务中心，我能为您做些什么？"电话正是812房间的客人打过来的，客人问他皮鞋擦好了没有。小胡说："对不起，先生，我们这里没有您要擦的皮鞋。"客人说："我昨天晚上睡觉前把皮鞋放在客房门外了，可是刚才我起床开门却没有见到皮鞋。"

这时小胡想起昨晚自己巡视楼层时，扔掉的脏皮鞋。小胡马上对客人说："对不起，您的皮鞋马上就为您送到房间。"

小胡从还没有倒掉的垃圾桶中取回皮鞋，迅速擦干净，送到了812房间客人的手中。

下班前，小胡将此事向主管做了汇报。但是，小胡并不明白，以前也为客人擦过皮鞋，可是这次客人为什么要把脏皮鞋放到客房的门外。主管告诉他，这是住饭店的客人需要擦皮鞋服务的一种方式。小胡明白了。

评析

为了方便客人擦鞋，饭店客房内都为客人放置了擦鞋器或擦鞋纸。饭店为了提高服务水平，还为客人提供擦鞋服务。擦鞋服务一般有以下几种形式：

(1)客人将需擦的皮鞋放在房间门外地毯上，服务员看到后，要立即将鞋收起，在小纸条上写上房号放入鞋内，拿回客房服务中心，将鞋擦干净后，尽快把擦好的鞋送到客人房间，把鞋放在行李架旁即可。

(2)客房内备有擦鞋筐。客人将需擦的鞋放到鞋筐内，服务

员在清扫房间时或开夜床时看到后，将放有鞋的筐拿到客房服务中心，把鞋擦干净后送回房间，放到行李架旁。

(3)客人打电话通知服务员，说需要擦鞋。服务中心文员接到客人需要擦鞋的电话后，马上通知服务员到客人所在的房间，敲门后，从房间取出客人要擦的鞋，回服务中心擦干净后，送回房间。

服务员擦鞋前，应将一张废报纸铺在地上，防止尘土或鞋油将地面弄脏。备好抹布、鞋刷、鞋油，用抹布擦净鞋面尘土和鞋底泥土，根据鞋子的颜色选用合适的鞋油和鞋刷，擦好鞋油后用软布抛光，将鞋边、鞋舌、鞋底擦净。注意鞋带、鞋口、鞋内侧和鞋底不能沾上鞋油，以免污染客人的袜子和地毯。

此案例中，客人打电话找皮鞋的时候，垃圾还没有倒掉，工作的失误也得以及时挽回。但是造成这个事情发生的根本原因在哪里呢？

不是服务员小胡的问题，因为他根本不懂得这项服务的内容及方式，责任在主管那里。

案例中的事情虽然不是经常出现，但却是饭店客房服务中的一项常规内容，管理人员在对员工的培训中，应使员工清楚饭店应有的服务项目和服务内容。一项工作做不做和做好做坏是员工的问题；而如果员工不知道如何做，则是管理人员的问题。

94. 客人为什么拒付酒水账

◆ 案例

一位外宾来到饭店前台办理退房手续，前台接待员打电话通知了客房服务中心。接到前台的通知后，客房服务员马上来到这位外宾所住的房间查房。当服务员在检查客房小酒吧时，发现小酒吧里有一瓶红酒的外包装被打开了，但是红酒的软木瓶塞没有拔出，说明这瓶红酒客人并没有喝。按照常规，客房小酒吧的酒水饮料的外包装打开后，就视为客人消费了，于是客房服务员将客人消费小酒吧的信息传到了前台。

当前台接待员用电脑打印出客人的消费账单并出示给客人后，结账的外宾却拒绝支付这瓶红酒的费用，理由是因为在前一天晚上客人在客房想要喝红酒而打开红酒的漆皮外包装后，却没有在客房内找到专门开启红酒的启瓶器，这使他没有能够喝上红酒。客人的理由很简单又很充足，没有办法，只能让客人离店，饭店承受了损失。

但这件事情却是一个值得重视而有收获的教训。这位外宾给饭店的管理者上了宝贵的一课。

此后，饭店的客房内增加了启瓶器。饭店客房部不仅学会了处理类似的事件，而且举一反三：发现客人买了水果，马上为客人送上水果刀，甚至餐巾纸；服务员在清扫客房时，发现客人带有小电器，马上将接线板或者变压器送到房间；见到客人携带的衣物比较多，就在房间的壁柜里边多放上几个衣架。

通过这件事，服务人员做的事多了，为客人想得多了；饭店的服务质量上去了，客人的满意度上去了，当然饭店的利益也维护了。

评析

不断积累的工作经验，可以使饭店员工以举一反三的方式自如地超前处置可能发生的事情。饭店是一个比较特殊的场所，每天都会碰到不同的人，经历不同的事，然而并不是员工生来就会与客人打交道，生来就会处理这些事情，只有在工作中慢慢地积累之后，才会变得游刃有余。

这个案例是一个典型的因信息不对称和缺乏换位思考而产生的。

信息与信息不对称到处都存在，如服务方与被服务方、买方

与卖方、管理方与被管理方之间，前者因信息充分而占据交易的优势，而后者因信息不足而增加交易成本。就此案例而言，客房部的管理人员、饭店的采购人员、供应商信息充分，而服务员和客人缺乏必要的信息，造成服务人员无法配置红酒启瓶器，客人无法将红酒打开，饭店的商品无法销售，客人无法消费。由此可见，信息是服务的重要因素，不可掉以轻心。

在客房内配备小酒吧，一般是在高档次的饭店内才有的，可是客人却没有能够享受到高档次。其实信息与信息不对称与我们通常所说的换位思考有相似道理。饭店和客饭部的管理者以及服务员，如果能够在日常的管理和服务中，在为客人提供的服务项目和设施上，站在客人的位置上想一想，就能够理解客人需要的是什么，在什么情况下客人会觉得方便，什么是优质并且能够给客人和饭店带来利益。

95. 客人投诉的根源在哪里

◆ 案例

黄金周刚刚过去，饭店内入住的宾客稀少了，几天前还人来人往的饭店冷清了下来，步入了一个小淡季。业务忙时觉得人手少，而这时的客房服务员就显得多起来。客房主管小胡马上安排服务员轮休，把由于黄金周加班而欠的休息日补上。

过了几天，服务员的欠休补完了，饭店的客流量还是没有上来，主管小胡紧琐着眉头，考虑着该怎样安排工作。突然，她喜上眉梢，拿起电话与另一位主管小刘通话：日前客源稀少，何不趁此机会安排员工把下半个月的公休提前歇了，这样下半个月客流量上来了也省得再安排员工休了。小刘回答："刚刚都轮完了休，再连着休息，会不会太接近，而以后的二十几天就没休息日了，员工会不会太辛苦。"小胡说："没关系，反正现在客源少，闲着也是闲着。”两人商定后，就着手安排各楼层员工轮休。

刚到中旬，轮休的员工陆续到岗，紧接着饭店的客源激增，旅游团队和会议一个接着一个，整个楼层又恢复了昔日的热闹，员工们忙得不亦乐乎。

紧张的工作日以继夜地度过了十几天，由于员工下半个月的公休已经休完，所有的员工都要上班，不用再为人手的事着急了。小胡正为自己的“英明决策”感到沾沾自喜时，下午 4 点服务员小陈突然胃疼；晚上交班时又接到员工请假的电话，小李的母亲心绞痛住院；小黄的腿在灌开水时不慎烫伤。面对接二连三出现的问题，小胡似乎有点乱了方寸。怎么办？姜到底是老的辣，小胡以这个月的休息日已全部休息完毕为由，家中有事、生病者，要休息就请假。而请一天病、事假，所扣的工资、奖金是一笔可观的数目。面对这样的决定，小黄请了病假，小陈、小李只好克服各自的困难，仍然坚持上班。

第二天中午，主管小刘接到客人的口头投诉；被投诉的是三楼的小李及四楼的小陈。原因是：工作丢三落四，所答非所问，面无笑容，对客人不热情。交接班时，小刘向小胡转达了客人对小李、小陈的投诉，主管小胡听后，陷入沉思。

评析

被投诉的虽然是服务员小李、小陈，但实际问题是出在管理上。在月初客源不足的情况下，主管把员工整个月的休息日，统统在上旬就安排完毕。大半个月中，在客源好、工作繁忙、没有休息的情况下，员工要连续工作 20 天，就是铁打的汉子也有累倒的时候。而该饭店客房部的管理者，从自身方便的角度，不是合理地安排员工休息，使员工工作、休息张弛有度，而是不间断地工作，勉强上班，疲劳作战，造成工作差错，引起了客人投诉，影响了服务质量。

从另一个方面来讲，并不一定说黄金周过去了，客人少了，服

务员就没有事情做了。其实短暂的客流低谷，应是安排客房计划卫生的有利时机。这时客房主管的工作除了安排员工轮休以外，还应合理的安排客房计划卫生和棉织品的洗涤等客房“大清”工作。主管觉得服务员人多没事干，说明这位主管对工作缺乏合理的安排和责任心。

工作质量在很大程度上取决于员工的工作环境和个人的身体、精神及情绪状况。只有重视员工，使员工身心舒畅，员工才会更加敬业爱岗，视客人为上帝，尽心竭力地做好服务，让客人满意。如果主管小胡在考虑员工的工作、休息时，不是只考虑自己的工作便于安排，能从员工的角度出发，从工作角度出发，适当合理地安排休息日，而不是一次性休息完毕，那么，员工在遇到身体不适、家中有事时就能适时地休息，把自己的工作、家事合理地安排好，调节好身心。当他们再次投入工作时，将不会出现这样的结果。所以在管理上倡导：必须先有了满意的员工，才会有满意的客人。

96. 主管这样安排工作是否有道理

◆ 案例

持续了一段时间的客房出租高峰期刚过去，饭店的住客不多了。客房主管利用这几天的空隙时间安排客房的“大清”工作，即利用客房出租空隙时间，对客房卫生进行彻底清洁，特别是平时不易清洁、费时费力的部位。

客房部经理来到楼层时，看到有十几间客房的门敞开着，五六名客房服务员在这些客房进进出出地工作着。有的房间内有两三名服务员，边干活边说笑聊天；有的房间内没有人，可是这些服务员也没有随手把门关上；有的服务员还在用工作磁卡随手打开房门。当客房部经理问是谁让这么干的，服务员说是主管安排的。当经理要查看服务员的工作单，想了解一下工作是如何分配的时候，他们回答说今天主管安排大清房，没有工作单。

客房部经理看到这个情况，马上找到楼层主管询问是怎么回事。主管回答说："今天楼层住客少，安排服务员大清房。"经理问是怎么安排的工作。主管说：安排这些服务员有清洁恭桶、水箱的，有清洁卫生间地面的，有专门清洁房间地毯吸尘的，还有擦拭家具和窗台的。经理问："为什么没有给员工配发工作单，进房记录如何体现？磁卡钥匙的使用如何体现？"主管说："因为这项工作每个房间要有很多人次进房，如果填写工作单和进房记录，要填写很多次。"经理又问："为什么这么多房间的门都打开着？"主管回答："我给每人分配了不同的工作，每个人都要进入所有的房间，这样也是为了工作起来省事，再说楼层也没有住多少客人。"

经理说："我再问你几个问题，虽然住的客人不多，但是不是有住客？饭店是不是在营业状态？服务员清扫客房有没有工作程序和标准？你作为主管，这个标准应该由谁来控制？如果出了问题，你是不是要负责，你是不是负得了这个责任？"

经理要求主管马上调整服务员的工作，按照程序和标准进行操作。然后，客房部经理对这名主管进行了严肃的批评，并作出了处罚，要求所有主管和领班引以为戒，在工作中要严格执行工作程序和标准。

评析

这位主管在工作安排上有什么错误？他的安排是不是有些道理？为什么为了员工工作起来方便还招来了经理的严肃批评和处罚？

虽然并没有发生什么严重的问题，但是这位客房主管犯的是原则性的错误。就当时的情况来讲，存在着多种隐患。

第一，在客房楼层营业状态并住有客人的情况下，客房服务

员进入客房工作，应当是进一间开一间，完成一间关一间。这是因为客房内有很多设施设备、电器、客用品和酒水饮料，防止物品丢失，保证客房财产的安全。

第二，服务员随身携带工作单，完成一间记录一间。服务员应将进出客房的时间、工作内容、物品使用情况记录在工作单上。工作单是服务员所干工作量的依据和"实况记录"，同时也是对工作磁卡钥匙的使用和控制记录，一旦出现什么问题，首先要通过工作单进行核实。而服务员手中没有工作单，也就不会有当天工作的详细记录。

第三，除有涉及操作安全或其他一个人不能独立完成的工作外，客房的清洁工作应由一个人独立完成，避免一间客房多人重复进出或几个人合干。这样做的原因是：服务员做完客房工作后，领班或主管在检查其工作时，如因为房间卫生、物品或出现与客人有关的其他工作质量问题，便于查实核对，责任明确。另一方面，如果多名员工进出同一个房间，或者是几人合干，一旦出现安全问题，不能很清晰地明确责任。同时，还会出现工作中聊天嬉戏的情况，造成纪律松散，工作不专心，质量难以保证。

饭店客房的服务、清扫操作和工作安排，都有明确的程序和标准，工作程序的制定和执行也是有依据和道理的。作为部门基层的管理者，主管和领班是标准的执行和控制者，不能因为只图省事而不执行程序和标准。如果主管对工作程序不能深刻地理解并严格控制，那么员工工作的质量和标准就难以保证，一旦出现问题又由谁来负责呢？因此，这位主管受到批评和处罚是正常的。

需引起业内人士注意的是：虽然案例中的事例反映的是客房管理中最基本的问题，但是在一些饭店的客房中并不少见。

97. 管家服务不等于保姆服务

◆案例

某四星级酒店有一部分客房是公寓式客房。春节前的几天，在报纸和广播中出现了该酒店的广告，赫然打出了管家式服务的招牌。

原来，这家酒店地处市区之外，并且酒店也有一些旅游资源，为在春节黄金周吸引来更多旅游度假的客人，同时也借此提升酒店的知名度和管理服务层次而想出的妙招。

但是对于酒店推出的所谓管家式服务，有一些从事酒店管理多年的专业人士却持有不同的观点，并对此种做法很担忧。第一，本酒店不是属于商务酒店，根本没有高层次的商务客人甚至一般的商务客人；第二，推出管家式服务不只是只要打出广告、几天内就能完成的简单事情，而是涉及到人员、物品、详细的程序、协调沟通等等一系列内容；第三，人员，即管家的选派和综合知识及服务技能全面的培训，绝不是仅仅把清扫客房的服务员始终安排在客人身边，或者是把饭菜送到客房内就是管家式服务了。

由于酒店地处郊区，服务员中的绝大部分都只有初中文化水平，连与酒店的星级相匹配的服务项目和服务水平也未必能够达到。那么在实际当中，这家酒店推出的管家式服务到底是什么样呢？

客人入住前，就有一名客房服务员在公寓门外站立等候，当客人到来时，这名服务员的作用却微乎其微，因为这时酒店和客房部的各级管理人员全部在现场等候客人。在客人入住后，无论客人是在看电视、聊天喝茶、打牌等等一切活动，都会有一名服务员站在旁边。也无论是客人年龄大小、身体状况如何，只要客人起身，服务员就会上前搀扶。客人想要用餐了，服务员就会建议

客人在房间内用餐，服务也算是“无微不至”了。但这种“高层次”的服务没过多久客人就受不了了。因为服务员除了在客人旁边“伺候”和往房间送餐，其他的就不会什么了。客人之间的说话，都因为身边有一名服务员而感觉不方便。而这种始终守在客人身边的服务其实给客人带来的反而是不方便——客人的私人空间被占领了。

评析

一段时间以后，该酒店的管家式服务没有人再提起了。

在为客人提供管家式服务的这家酒店出现了这样的局面，是因为饭店的管理人员和服务员对管家式服务的理解停留在两点上：一是专人不离身的服务，二是在客房内用餐。其实这不是管家式服务，而是为入住的客人配备了一个保姆，而且是一个不称职的保姆。

我们知道，管家的起源在英国，只是老派的英国宫廷更加讲究礼仪、细节和虚荣，将管家的职业理念和职责范围按照宫廷礼仪进行了严格的规范，成为行业标准。但并不是只有英国才有管家，而是英国人将此职业发挥得淋漓尽致，臻于艺术化，因此“英式管家”成为世界上家政及服务领域的经典名词。所以，在英式管家享誉世界之初，只有世袭贵族和有爵位的名门才能享受。

后来又将管家式服务引入高档酒店行业，将酒店的服务提升到了更高的层次。最正宗的管家的摇篮是英国国际管家学院。

管家到底管些什么？管家需要具备什么样的技能？

管家的角色是多元化的，而且自身要有极高的素质、丰富的生活智能与专业素质。

酒店的管家，也叫做“私人管家”。私人管家是保姆，也是服务员，又是秘书，是饭店专门设置的为客人提供特殊服务的助理，专事料理客人的饮食起居，为客人排忧解难。客人进店，管家为他办理住宿登记，领客进房，端茶送巾，介绍情况。更重要的是客人住宿期间的外出交通、人事联络、商务活动、生活琐事，均由管家一手操办，直到送客人离店。私人管家要懂外语、会调酒、烹饪、熨衣、电脑、打字、熟悉饭店的整套运作，还要具备公关能力、协调能力等。高级的管家还需要上知天文、下知地理。

管家像保姆——十八般武艺全会。从客人入住的那一刻起，酒店管家会全程陪伴，打点一切。要成为一名合格的管家，一招一式都要经过千锤百炼。礼仪和礼节是第一课，而像熨烫衣物、酒水知识、餐饮酒会、雪茄烟的知识、商务知识和技能等等都要掌握。当然管家的全程陪伴，最重要的是“打点”，即安排和协调。

管家像间谍——住客喜好预先知。接待每一位客人，酒店管家都必须事先“备课”。如客人平时睡的枕头多高，喜欢鹅绒枕头还是弹性棉的？枕套喜欢用棉布还是丝绸？衣架需要木头的还是塑料的……掌握如此多的“个人档案”，为的是让客人一进入酒店，就如同回了家。

这些信息从何而来？靠的是管家的一双火眼金睛和通过各种渠道而获得的信息。

管家像记者——细节一样不落。等到客人入住，管家必须时时察言观色，更新“个人档案”。如客人入住的第二天检查房间时，特别注意观察床铺上的褶皱，以此估计客人喜欢睡在床的哪一侧。一旦发现床头柜上有水杯、瓶留下的水印，第二天，管家会在原处为客人多准备一瓶水。

管家像保镖——保证客人的安全。遇到需要24小时服务的贵宾，管家会住在客人的隔壁。每天管家会依据客人的日程表，提早起床，守侯在客人的门口，保证他们“一天中最早见到的人是管家”。晚上不论客人多晚回来，管家必须守侯在大堂接车，客人不睡下，管家也不能睡。即使已经睡下了，如果客人临时有事，召唤管家，他们必须立刻起身，在第一时间到达。如果客人需要，管家还要充当翻译和私人顾问，陪同客人出门游玩。一旦遇到商务客人，管家得充当临时秘书，帮助收发E-mail、复印、打印文件等。

当然更多的时候，管家做的是协调工作。

总之，管家的工作需要非常地细致和用心，备宴时，座椅、盘子、酒杯间距离要用尺子量好；晚上客人回房时，灯要逐步的开，以免光线突然而刺眼。私人管家的个性服务细致周到，体贴入微，深得客人信任，许多重要的事情往往也由管家去办。因此私人管家这类个性服务决不是普通服务员工所能胜任的。

酒店服务水平的提升首先应注重务实，在员工的综合素质、知识和服务技能上下工夫，而不应只是在形式上做文章。如果仅靠表面文章，不从客人的角度考虑，反而会砸了酒店自己的牌子，而酒店提高的知名度也会是负面的知名度——因为客人是最明白的。

这个失败的案例，是值得酒店管理者深思的。为了提高自己酒店的服务水平和知名度，很多酒店引入管家式服务，关键应是引进服务理念——管家服务不等于保姆服务。

第六篇
成功篇

98. 米歇尔的手提箱修好了

◆案例

某饭店接待了一个大型的国际会议。在会议结束后的第二天上午，参加会议的法国核专家米歇尔先生找到了客房领班小张。米歇尔先生说在他准备收拾行李时，发现他的手提箱钥匙找不到了，手提箱无法打开。而他在当天下午就要离开饭店回国，飞机票、护照、信用卡全放在提箱内，拿不出这些东西，他连飞机都上不了。米歇尔想请小张帮助把提箱打开，并说只要是能够把东西取出来，就是把提箱砸坏也没关系。

看到客人着急的样子，小张马上将客人的情况向客房部经理做了汇报。在饭店的规定中，服务员是不能随便答应帮客人撬箱子的。经理了解了情况并同意后，小张找来了工程部的技工师傅。小张和技工师傅商量，尽量在不损坏提箱的情况下将箱子打开，因为客人还有很多事要办，如果把箱子撬坏了客人再出去买箱子，时间会很紧张。

小张协助技工师傅，用了近两个小时的时间，中午饭都没有吃，最后真的打开了手提箱而且没有损坏。米歇尔先生非常高兴，当即拿出了300元钱，往小张的手里塞，表示感谢(当然小张没有收客人的钱)。米歇尔说："你们的饭店非常好、员工非常好，我会把你们的热情友好、尽心尽力帮助客人的事告诉我的家人和朋友。我还会告诉他们，如果他们来中国、来北京，一定要住在你

们的饭店。”

过了一段时间，小张收到了一张来自法国的明信片，是米歇尔先生寄来的，米歇尔在信上表达了对中国及对这家饭店怀念之情，以及对饭店的祝福。

评析

此案例讲述的是一个典型的“排难性服务”，属于感情服务的一种类型。

为客人打开了手提箱，并且没有损坏。米歇尔先生拿出的小费 300 元可以买一个新的手提箱。米歇尔先生是被服务员急客人之所急，为客人着想的精神和良好的职业道德所折服。同时赢得了客人对饭店的信任。客房领班小张以及技工师傅不仅仅是为饭店，可以说是为北京、为中国赢得了荣誉。

米歇尔回国后，一定会把此事讲给别人听的。他无形中还成了饭店的义务宣传员和销售员，这就是感情服务的作用。以后来到这家饭店的法国客人中，说不定就有哪位客人是米歇尔介绍来的。

如果小张当时找来技工，把手提箱砸开，也算帮助了客人。而且客人有言在先：只要能拿出机票和护照，就是砸坏提箱也没关系。客人同样会感谢，但肯定不会有这样的效果。另外，在客人提出帮助砸开手提箱时，小张没有马上答应，及时请示领导的做法是正确的。并且是在有小张、技工二人和客人本人在场的情况下打开提箱的。在为客人悉心服务的同时，仍然不能忽略原则和自我保护，以防止意外的情况出现。

99. 娜塔莎回来了

◆ 案例

住在饭店的一位俄罗斯客人娜塔莎小姐退房离店。接到总台的客人退房信息后，一向工作认真的客房服务员小吕在检查房间时，发现在床头柜上有两本书，还有几张便条纸，上面写有电话号码。这些东西客人还有用没用呢？是客人丢弃的，还是遗忘的？小吕拿着书和便条纸来到前台直至饭店的大门外，还是没有追到客人。

这时小吕想起，在头一天晚上值班时，这位娜塔莎小姐曾向她打听，饭店有没有为客人存物品的保险箱。她告诉客人：可以到前台办理使用保险箱的事宜。既然客人想要在饭店的保险箱存放物品，说明她很有可能还会回来。

小吕来到前台一问，娜塔莎还真在前台存放了物品。同时还从前台获得了一个信息，客人在一周后还会入住饭店。于是，小吕回到客房服务中心，找出了住客登记单，将客人的资料记录下来，并向其他班次的服务员做了交班。

果然，一周后，娜塔莎又回到了饭店。当班的服务员从入住登记单上发现了娜塔莎的名字，经核对交接班记录确认无误，将为客人保存的书和便条纸送还给客人。服务员来到娜塔莎的房间，刚一开门还没说话，娜塔莎看到了服务员手中的书，惊喜地叫了一声。她通过翻译告诉服务员：这两本书是非常重要的资料，是花钱也没处买的；便条纸上记有一个朋友的电话号码和地址。原来，她上次离开饭店后，直到用的时候才发现东西没有了。但是她想不起丢在了哪里，因此虽然这两本书和纸条对于她来说非常重要，但她也不抱什么希望了，因为就是有人捡到也会当做没用的东西扔掉。可

是她没想到服务员会为她保存着，并在她再次入住饭店时马上送还给她。

娜塔莎离开饭店回国时，在接待单位的工作人员陪同下一起找到了饭店值班经理，表达对服务员的谢意，还写了感谢信。饭店除收到了娜塔莎的感谢信外，还收到了接待单位送来的感谢信。

评析

一、本案例通过在饭店走客查房中发现和保管了看似平常的两本书和几张便条纸，却体现出了服务员的责任心。对于一般人来说，这两本书没有什么价值，服务员如果检查房间时不细心，没有发现，扔了也就扔了。客人也根本没想到服务员会为其保存。

二、通过此事反映出饭店的管理和服务是规范的。对于在工作中出现的各种事情，当班服务员都按规定做好了工作记录，并做好了交接班工作，使工作记录及交接班不只是规章制度的一种表现形式，而使其真正在工作中发挥了作用。

三、服务员小吕在拿着书没有追上客人的情况下，回忆起前一天客人打听保险箱的事，并及时与前台沟通信息，判断客人还会回来，说明服务员是主动、用心在工作中时刻关注着客人。事实证明，只要用心，工作就能做好。

四、因为这两本书对客人来说很重要，所以此事会在客人心中留下深刻的印象。另外，客人丢了东西，接待单位的工作人员也同样着急。服务员发现、保存并在客人再次入住饭店后及时送到客人手中，也等于帮了接待单位的忙，使接待单位在客人面前有了面子。

100. 用服务维护饭店的规定

◆案例

在某饭店五楼，租用客房作为办事处的一家公司选择了专业写字楼作为新的办公地点，为了不影响公司正常办公，决定利用公司休息时间，在一个星期天搬家。

饭店对于因搬运货物而使用电梯是有规定的：搬运货物只可以使用货用电梯或走步行楼梯，不得使用客用电梯，并且不能从饭店正门出入，要走饭店后面的货物通道。这是为了使饭店保持正常秩序、不影响其他客人乘用电梯和其他活动。还有一个原因就是为了避免碰坏客用电梯。大多数饭店都有关于搬运货物不得使用客用电梯这样的规定。

星期天，已经到了下午，由于饭店只有一部货梯，再加上这家公司货物较多，搬运速度比较慢，公司的职员有些着急，怕今天搬不完，影响星期一公司的正常办公。看到一部客用电梯停在了5楼，两名职员搬起办公椅就往里搬，客房服务员小张看到马上走过去劝阻。职员知道相关规定，就对小张说："今天是星期天，饭店的头儿都不在，我们搬的时候注意点儿不磕碰电梯，你就装没看见就行了，这样搬得也能快一点儿。"小张耐心地向客人解释，希望客人能够理解。占用客用电梯会影响其他客人使用，而且客用电梯不能开到货物通道，只能到大堂。在大堂搬运家具会影响大堂秩序。另外，在搬运货物使用电梯的问题上饭店与公司也是有协议的。

两位职员自知理亏，但还是以种种理由执意要使用客用电梯。小张告诉客人除了使用货梯外，还可以走步行楼梯往下搬运。客人说走楼梯太累。小张不知道用什么方法可以阻止他们使用客梯。这时中班服务员来接班了——小张该下班了。小张

说："这样吧，我来帮你们从楼梯搬下去，我有力气。"职员无话可说。

小张和其他几名下班的服务员与公司的职员一起上下楼梯，从五楼到一楼，一趟一趟地搬运家具，两个小时后家具搬完了。公司的职员看着满头是汗的小张，受到了感动，对小张说："其实我们公司与饭店的协议我们都很清楚，我们只是担心搬不完，心里着急，你做得没错，占用自己下班的时间为我们搬家，无论从维护饭店的利益，还是对我们的服务，我们都无话可说。"

为了表示感谢，公司职员买来了一箱可口可乐请小张和服务员喝。

评析

一边是饭店的规定，另一边是客人提出的与饭店规定相抵触的种种理由；一方面是服务员执行饭店的规定，另一方面是客人的不满及对自己的不利。怎么办呢？

在这个案例中，我们找到了答案。用周到、耐心的服务维护和执行饭店的规定、避免了有可能出现的下列情况：坚决执行饭店的规定，不允许使用客用电梯搬运货物，不考虑公司的具体困难，引起客人的不满；或者是允许公司职员使用客用电梯，公司的困难解决了，而影响了其他客人乘用电梯和正常活动，从而违反了饭店的规定。

服务员小张在工作中做到了"领导在与不在一个样"，没有因为"今天是星期天，饭店的头儿都不在"而违反规定讨客人的满意；也没有机械、生硬地执行饭店的规定，而不顾及客人的具体情况和困难。小张和其他几名服务员占用了自己下班的时间，帮助客人搬家，执行了饭店的规定、维护了其他客人的利益、解决了公司的困难，牺牲的只是自己的利益。

101. 谁说环保就是花钱

◆ 案例

环保已经受到越来越多的人的重视，已成为当今社会的主题。现在很多饭店都在积极地参与环保。环保包括减少污染、节约能源、减少资源的浪费。但一提到环保人们就会想到要花钱。一定要花钱吗？北京一家五星级饭店的做法，否定了这一观点。

为了减少棉织品的洗涤数量，减少洗涤废水的排放，在客房内放置节能环保提示卡。客人如不需要更换每天换床单就在起床后把环保提示卡放在枕头上，那么这一天床单将不更换；如不需要更换毛巾就把用过的毛巾搭在毛巾架上。这是很多饭店已经实行的环保措施。

饭店客房使用的被称为“六小件”的牙具、香皂、梳子等客用品，一般都是有两层包装。里面一层塑料袋，外面是一个精美的印有饭店标志的硬纸包装盒。北京有一家五星级饭店，客房的客用品全都没有外面的硬纸包装盒，只有一层软纸包装。

客用品没有包装盒还真是头一次见。原来此举就是该饭店推出的一项环保措施。

这家饭店的具体做法是：在向“六小件”的供应商订货时，一律不要外包装。另外定制一批做工精美的小盒子，把没有外包装的“六小件”码放在小盒子里，然后将盒子放在卫生间的台面上，看起来既整齐又漂亮。虽然盒子的成本稍高一些，但盒子是长期使用的，因此是一次性投入。

这家饭店实施了这一环保措施后，受到了住店客人的欢迎。虽然环保是一个社会主题，但环保行动是需要大家参与和支持的。“六小件”没有了包装盒，客人取用时省事了；免去了把包装盒白白扔掉造成的资源浪费；同时，饭店也省去了花在包装盒上

的费用。另外,如果住饭店的客人喜欢那个用品盒,希望留个纪念,饭店也可以出售。真是客人、饭店、社会多方受益。

一间客房带包装盒的客用品包括:两套牙具、两块香皂、两个浴帽、两个梳子,有的饭店还有指甲挫、棉签等。饭店针对这些包装盒算了一笔账:这些小包装盒的费用平均约为 1.40 元。如果是一家有 500 间客房的饭店,按平均 75%的出租率计算,一天省去费用 525 元;一个月省 15750 元,一年就可以节省 189000 元。这项行动不仅仅是节省了费用,还节省了资源。

评析

很多饭店都实行了不同的环保措施,这说明人们的环保意识都在提高。环保不是空话,不是口号。每一项环保措施都是对人类、对社会的贡献。造福子孙的事是会有回报的。

众所周知,饭店虽被称为是"无烟工业",但又是污染环境和消耗资源的大户。客用品的外包装盒是纸制品,造纸的原料是木材,客用品的包装盒随垃圾扔掉。这家饭店的做法,反映出很强的环保意识,而丝毫不会影响饭店的服务水准,也不会引起客人的不满,因为环保行动是对人类的贡献。同时这个环保行动还为饭店自己每年省去近 19 万元的费用。谁说环保就是花钱?

饭店业在环保方面要做的事有很多,如洗涤废水的排放,一次性用品的使用,塑料包装及用品造成的环境污染等等。

环保不只是省钱,也是在"积德",社会受益、人类受益、子孙受益、企业自身同时受益。培养和提高每个人的环保意识,是每个人的责任。

这只是这家饭店多项环保措施当中的一项,案例的目的在于使饭店的管理者和服务人员受到启发。

102. 经理“恳谈日”

◆ 案例

星期四下午，客房部的陈经理看了看手表，时间是下午 2 点 50 分。陈经理停下了手里的工作，拿着笔记本来到了位于八楼的小会议室。陈经理到会议室不是来开会的。在陈经理的工作计划中，如果没有特殊情况，每周四下午 3 点至 5 点有一项固定的内容——与客房部的员工聊天。

饭店为了在管理中贯彻和体现“以人为本”的管理理念，一方面，管理、服务中处处以客人为本；另一方面，没有忘记在建设一支素质高、能力强、思想稳定的员工队伍上下工夫，以员工为本。员工是企业的财富，稳定员工思想，调动和发挥员工工作的主观能动性，为宾客提供优质的服务，是真正做到以人为本的重要因素。抓好管理、建设好员工队伍是企业发展经营的基础和前提。

客房部从关心员工、了解员工、理解员工入手，在员工中进行了一项《关于员工思想状况与企业凝聚力》的调查。根据员工年龄、岗位及合同工、临时工、实习生等各群体的不同因素，就员工的想法、所关心的问题、对管理人员的看法，个人及在工作中遇到的困难等有可能影响员工情绪的因素，进行了分析。通过调查分析和总结，客房部管理层意识到：能否加强上下级之间的交流与沟通，如何调节员工的情绪、掌握员工的思想状况，直接影响着员工的工作热情和工作质量，对于增强企业的凝聚力和企业的发展起着至关重要的作用。

鉴于此，客房部将每周四定为“经理恳谈日”。客房部经理不论工作多忙，都要在下午 3 点至 5 点，到会议室与员工“聊天”。凡是客房部的员工，不论是谁，只要有想法、意见、建议和困难，都可以在这个时间来和经理谈。这项活动开始后，受到了客房部员

工的欢迎。而星期四下午与员工“聊天”，也就成了陈经理每周工作的一项固定内容。

评析

周四的“经理恳谈日”反映出客房部管理人员对管理的认识。管理，从字意上看，既有“管”的含义，又有“理”的含义。因此不能只注重管，而忽视了理。此案例充分体现了“管理既是科学又是艺术”的内涵。从客房部管理者对管理之外因素的仔细分析，说明了在企业中，员工的情绪和思想状况与员工的工作热情、工作质量、企业的凝聚力对企业发展的重要性。

有些管理者，只重视一般制度方面的管理，而忽视了员工队伍的思想稳定，不去从如何调动和发挥员工的主观能动性上下功夫。我们知道，主动和被动地做一件事，人的精力投入多少以及结果都是不一样的。管理学分析，管理的职能之一是沟通。因此，在管理过程中关心员工、了解员工、理解员工，加强上下级之间的交流与沟通，无疑会增进上下级之间的了解和理解。管理者需要员工的理解；同样，员工也需要管理人员的理解。管理者在员工中也就少了高高在上、指手画脚的感觉，拉近了管理者与员工的距离。

通过“恳谈”，管理者能够听到员工的声音，发现管理中存在的问题，能够使员工有说心里话的地方和机会，也能够使企业的管理理念更好地被员工理解和贯彻，还能使员工对形势有充分的了解，以积极的态度变压力为动力，不断地提高自己，增强进取心并感觉到自己是受重视的，感受到什么是以人为本。员工自己感受到了以人为本，才能够使其在对客服务中贯彻以人为本。

心理学家马斯洛认为，尊重是人最重要的需求之一。作为饭店业，要让服务员做到尊重客人、愉快地为客人服务，管理者做到尊重员工是一个基本前提。

有的人希望别人倾听自己的意见和想法；而有的人希望听到

别人的声音。因此,这种"恳谈"的交流和沟通方式,是一些企业和管理者可以借鉴的方法之一。

103. 废报纸中的飞机票

◆ 案例

这天上午,正是客人退房离店的高峰。客房服务中心接到前台接待员的电话:705 房间的客人退房。客房服务中心的服务员小汪马上到 705 房间仔细而迅速地检查。写字台上有几张报纸及包装袋等杂物,小汪拿开报纸,发现下面有一张北京到上海的机票,再一看上面的时间,是当日中午的。一定是客人遗忘的。小汪马上来到前台,前台接待员告诉他,客人结账时说急着赶飞机,已经乘出租车去机场了。

小汪立即将此事向领班及主管做了汇报。考虑到客人现在可能还不知道遗失了机票,如果到了机场发现没有了飞机票,再回到饭店找也来不及了。主管当即决定派小汪将机票送到机场,同时通知电话总机:如客人发现丢了机票打来电话询问,告诉客人不要着急,让他在机场等候,饭店已经派人将机票送去。

当小汪乘出租车赶到机场,快步跑进候机大厅,找到飞往上海的通道时,看到 705 房间的客人正向检票口走去。小汪跑过去叫住客人,客人还不明白是怎么回事。小汪拿出机票说明来意后,客人一摸衣兜才明白。原来此时客人根本就不知道机票被遗忘在饭店的房间里。

客人向小汪表示了感谢,客人说:"如果不是你们的细心和帮助,我今天肯定走不成了。已经到了登机时间,等验票时发现忘了带机票,再回到饭店取也来不及了。你们真是想客人所想,急客人所急呀!"

评析

这是一个感情服务中排难性服务的典型案例。

住店客人在退房离店前，客房服务员要检查房间。检查房间的目的和内容是：

一、有无客人遗忘在房间的物品。有的客人由于走时匆忙，收拾行李时，没有发现掉到柜子后面的物品、放在卫生间的用品、裹在床单被罩里的衣物、挂在壁柜里的衣物以及与废弃物混在一起的东西。服务员及时检查房间，可将客人遗忘的物品及时地送还客人，以免客人着急。

二、检查客房迷你吧饮料的消费情况。检查房间时，如有客人消费了迷你吧内的饮料，能及时与前台联系，以免造成跑账，使饭店受损失。

三、检查房间内的设施设备和饭店的财产有无损坏和丢失。有时客人由于吸烟不慎或其他原因将毛毯、地毯、家具等物品烧坏或损坏；有的客人喜欢饭店的某件物品将物品带走；也有时是没有注意而将饭店的物品混在自己的行李内一起带走。

因此，为了避免客人的损失和维护饭店的利益，客房服务员在客人离店时，要认真检查房间。为了减少客人在前台的等候时间，还要做到查房迅速。

客人离店检查房间是客房服务员的职责。在查房时发现了客人遗忘的物品，送交客房部登记保存，再想办法与客人联系；如果当时无法与客人取得联系，则等待客人的询问查找。由于小汪的及时汇报，及时地到前台询问客人的去向，为事情的解决赢得了时间，及时将机票送到客人手中。

回味这件事的处理过程，客房部一方面派人把机票送往机场；另一方面想到，如果客人半路发现机票不见了，往饭店打电话询问时，总机应该通知客人。所以，他们对总机做了安排。

客人走时结账就很匆忙，到了机场也没发现机票丢了。正像客人所说,等发现了再到饭店去找也来不及了。这件事体现了服务员的责任心和职业素质。服务中的每一件事都关系到饭店的声誉,服务员的劳动换来的是客人对饭店的信任、对服务员的尊重。

104. 洗上了热水澡

◆ 案例

夏天的深夜,一位客人把电话打到客房服务中心:“我要洗澡,卫生间为什么没有热水?”值班的服务员小王说:“今天夜间热力公司由于要检修设备,所以饭店的供热受到影响。”客人说:“这么热的天,不洗澡怎么行。饭店停热水也不预先通知一下,这么大的饭店连热水都没有。”小王马上来到了客人的房间,对客人说:“我们在电梯门口贴出了检修通知。在您住店期间,大热天的洗不上澡,给您带来了不便。不过没关系,我们一定会让您洗上热水澡的。我用暖瓶打热水,倒进您的卫生间的浴缸。您看怎么样?”客人说:“只要能让我洗上热水澡就行。”小王说:“那好,我马上就把热水送到您的房间。”小王用暖瓶一趟一趟地往客人房间送,热水一瓶一瓶地倒进了浴缸。

第二天早晨,客人出去的时候,来到服务台,此时上夜班的小王已经下班了。客人对其他的服务员说:“我昨天夜里洗了个好澡,睡了个好觉。谢谢你们。替我谢谢帮我打热水的那位小伙子。”

● 评析

无论是热力公司还是饭店,检修设备一般都会选择在夜间,避开客人使用热水的高峰,以尽量少地影响客人使用。而饭店在适当的位置用适当的方式提前告知客人也是必须的,如在电梯门

口张贴检修通知或者将通知送入客房。

当有客人在深夜回到房间要洗澡时，发现没有热水，服务员告诉了客人没有热水的原因，但并没有过多地去解释，也没有强调和推脱，而是主动把“活儿”揽了过来，自己用暖瓶打水让客人洗上热水澡。

饭店张贴了检修通知，客人没有看到。服务员小王在向客人说明时，告诉了客人已在电梯门口贴了通知，但并没有把责任推给客人。虽不是小王个人的错，但小王对饭店给客人带来的不便表示了歉意，随后提出为客人打水并付诸行动。如果责怪客人没有看见通知，认为自己没责任，不给客人留余地，那么就会是另一种结果了。

服务员小王真正地为客人着想：大热的天，洗个热水澡、睡个舒服觉，是客人应该享受到的。客人花了钱住在饭店，能洗上热水澡是饭店应当满足客人的最基本的需求。小王不仅仅是让客人洗上了热水澡，难得的是他从客人的角度去想，换位思考，充分理解客人的感受和需求，最大限度地满足客人的需求，把满足客人的要求、维护饭店的声誉作为自己的责任，使客人真正体验到“宾至如归”的含义。

105. 一盘篮球赛录像带

◆案例

很多人都喜欢看篮球比赛。美国的NBA职业篮球赛，更是拥有亿万球迷。而NBA的总决赛则是全世界所有篮球赛中最激烈、最精彩的。在NBA进行总决赛的时候，很多篮球迷都守在电视机旁，生怕错过刺激、享受的机会。NBA篮球赛和饭店、和服务有什么关系呢？

在北京的一家饭店，由于重视服务质量，提倡为客人提供超值服务，为客人创造意外和惊喜，就有一个与NBA有关的故事被传为佳话。

这一天晚上，住在1669房间的一位香港客人方先生，找到客房服务员，把服务员叫到他的房间。方先生显得有些为难地说："是这么回事，我是一个篮球迷，明天上午10点将开始NBA篮球的总决赛：是由'洛山矶湖人队'对'费城76人队'。可是明天上午我必须要参加一个谈判，看不上比赛了。我想请你们帮我一个忙，用录像机把明天上午的比赛录下来。这样晚上回来，我就可以看到比赛。"

服务员小王也是个篮球迷，湖人队有他非常喜爱的球星：科比·布莱恩特、"大鲨鱼"奥尼尔，但由于明天上午要上班，自己也看不成比赛实况。听了方先生的话，小王觉得自己有责任为客人解决这个问题，他也深知服务就是满足客人的需求的道理，他更能理解一个球迷看不上球赛的心情。小王对方先生说："方先生您别着急，我会想办法让您看上球赛的。"方先生又说："我会付钱给你们的。"小王说："那倒不必，只要我们能做到的，我们一定会尽力的。您休息吧，晚安。"

第二天一大早，小王就把前一天晚上1669房间客人的事向客房部经理做了汇报。经理听了以后说："我们一定让方先生看上比赛录像。"说完，经理马上与工程部联系，请电视组的同志做好准备，在10点钟的时候把篮球比赛的实况录下来。

晚上，当服务员来到1669房间，把录像带递给方先生的时候，方先生一把把录像带"抢"了过去："太好了，真没想到你们会把比赛录下来。其实昨晚我找你们是因为看不上比赛急的，这本身也不是你们份内的事，真是谢谢你们了！"

评析

服务上经常提到的是优质服务、超值服务。这个案例就是超值服务的案例。满足顾客的需求，就是服务的定义。事情不在于

大小，关键是看客人需要的程度。

从服务员到客房部经理，再到工程部电视组的工作人员，做好了这件“份外”的小事，反映出该饭店的管理水平和服务水平。服务员也是篮球迷，自己由于要上班看不上比赛，因此他更能理解球迷客人的心情。看来要做到优质服务，宾至如归，增加对客人的理解是非常重要的，也就是要变换角色，换位思考。

当服务员把录有篮球比赛的录像带送到房间递给客人的时候，客人一把“抢”过去，这个动作反映出客人的高兴、惊喜和满足程度。其实如果饭店没有为客人解决这个困难，方先生也不会有什么不满意，因为客人自己也觉得对服务员提出的这个请求不是服务员“份内”的事。客人提出这样的要求，只是抱着试一试的心理。可是饭店上下把客人的这件事当做工作认真地去做了。

同等级的饭店，在硬件上没有多大的区别。饭店之间靠什么竞争，靠什么赢得客人，就是要靠优质的服务，即标准服务加上超值服务。成功的服务，其作用不在于一时一事。这位客人以后的请客、亲朋好友的住宿，都有可能选择这家饭店。这对于饭店在客人中的口碑、宣传等都会有着积极作用。因此，赢得了客人也就是赢得了市场。

106. 有创新才会发展

◆ 案例

企业抓经营、抓管理的最终目的就是求效益。出租客房的收入是饭店经营中的主要收入。作为星级酒店客房的附属设施和服务项目迷你酒吧，已经越来越引起饭店管理者的重视。

客房迷你酒吧在品种上似乎也就是酒店业约定俗成的几种洋酒、啤酒和几种碳酸饮料。在收入上，人们认为它只是客房服务的一项附属内容，赢利情况在整个饭店也微不足道。

但是随着市场竞争的日渐激烈，企业的经营者必须发现人们不断变化的需求，抓住每一个经营点，转变经营思路。最重要的还是要记住，满足住店客人的需求。

某饭店就是在这不起眼的客房迷你酒吧上作了文章。以前，洋酒、进口啤酒、碳酸饮料被人们认为是高档次、高品位的消费。摆在高档饭店的客房迷你酒吧内，至今无大变化。销售情况由早期的火爆到现在的很少有人问津。饭店的管理者针对这一情况进行了分析。

首先，随着人们对健康的关注，追求天然、绿色，对碳酸饮料的兴趣有所减弱，饮用新鲜果汁成为时尚。另外，客房向客人提供免费饮用的茶叶是绝大部分饭店多年的做法。对于一般的客人，由于茶叶是饭店免费提供的，因此在口味、档次上也不会有什么要求。而对于喜爱喝茶或招待来访的客人来讲则只能到咖啡厅、茶室或者酒吧了。

这家饭店与供应商签定了代销合同，在客房的迷你酒吧增加了两种鲜果汁饮料和小包装高档茶叶。茶叶有茉莉花、铁观音、乌龙茶等口味，以满足不同需求和喜好的客人。由于是代销，不会占用饭店的资金，结果，这一年，这家饭店不起眼的客房迷你酒吧纯收入达到了50万元。

客人满意了，饭店受益了。从此以后，该饭店的客房迷你酒吧又增加了巧克力、小食品，还印制了各种洋酒的饮用方法介绍卡片，使客人了解了各种酒类知识的同时，客房迷你酒吧的收入也进一步提高。

◆ 案例

50万元，对于一家年营业额近亿元的饭店，可能算不了什么。可是这50万元仅仅是客房迷你酒吧的收入，可见一个企业在经营上的潜力。企业最关键的因素是要在经营和管理思路上的求变、创新。俗话说“人无我有，人有我优，人优我变，人变我新”。

这家饭店的成功就在于管理者仔细地分析市场，了解人们需求的变化，更在于打破了已形成的旧的模式，想客人所需要的，做别人没有做到的。

这50万元，不是靠投资挣来的。一是靠解放思想、转变观念、开拓创新得来的。经营方式是代销，由供应商无偿先期供货，售出后再结账，没有风险，不占用饭店任何资金。二是在经营中充分考虑了人的生理需求和心理需求。因此，无论是服务、管理还是经营都离不开以人为本。不能一味地固守旧的模式，要有创新才能有发展。

无论是管理者还是服务人员，都应具有创新意识。只有在不断的变化中求发展，以创新应对变化，以创新引领变化，企业才能在激烈的市场竞争中立于不败之地。因此，创新是企业发展的不竭动力。

107. 从我做起，接好“接口”

◆ 案例

一位客房服务员在进入一间客房清扫卫生时，看到桌子上有客人用过的餐具，知道这是客人在房间用过餐后放在那里的，便将餐具从房间撤出来，拿到工作间，洗刷干净，放在了工作车的下层。然后打了一个电话，通知餐饮部：“某某房间的餐具已经撤出，请来人把餐具取走。”客房服务员从撤出餐具到给餐饮部打电话，操作起来显得很熟练有序。而从前客房服务员可不是这样。

从前，如果客人想要在客房内用餐，由餐厅服务员将饭菜端到楼层送到房间。客人用过餐后，客房服务员在清扫客房卫生时，见到客人用过的餐具，认为这不应该是自己的事，懒得收拾，可是自己负责客房的卫生清扫，又不能不收拾，就将餐具撤出来往工作间一放完事，餐具内的剩饭剩菜也不清理。由于餐厅服务员不能较准确地掌握客人何时用完，所以不能随意上楼敲客人的房门，及时收取餐具。如果到了夏天，剩饭剩菜发霉长毛，还散发出难闻的气味，餐具丢失现象也经常发生。

可是自从饭店通过了 ISO 9000 质量管理体系的认证，饭店的各项工作、各个环节都制定出了相关的工作标准。同时各部门都认识到了部门之间工作“接口”的重要性。部门之间加强了沟通，相互协调从我做起，解决了不少原来互相扯皮的“接口”问题。

客房部的管理者主动与餐饮部协调，将客人在客房内用餐的餐具如何处理写入了客房部的作业指导书，作为一项工作标准，要求客房服务员将餐具从房间内撤出后，倒掉残渣、洗刷干净，放在工作间固定的位置，然后打电话通知餐饮部来人取餐具。餐厅服务员接到电话后，马上来到楼层将餐具取回餐厅。

由于客房部的高姿态，从我做起，解决了与这两个部门都有关系但又都不负责任的问题。两个部门的关系也因此得到了改善。

● 评析

本案例是饭店两个部门之间配合、协调的一件小事，但它可以带给饭店管理人员和服务人员一些启示。

第一、ISO 9000 标准是科学的质量管理体系。

其优点是：各个环节、各项工作都要制定程序和标准，在工作中都要按程序和标准操作，并在运行中能不断识别出新问题，达到持续改进的目的。如客房部制定的撤餐具的工作标准是：撤出、倒渣、洗刷、放在指定位置、打电话通知餐饮部。而这个一直存在的问题就是在认证过程中识别出来并改进的。

第二、客房部的高姿态。

虽然餐具拿到餐厅后还要清洗消毒，但客房部从我做起，主

动把餐具清洗干净，餐厅服务员收拾起来方便多了，表现出了较高的姿态。为别人的工作提供方便，同时也使部门间的关系有了改变。通过这件事可以告诉员工，对工作不要过于计较，不要总是看着别人。自己多干一点没有什么，每个人都多做一点，大家的工作就都好做了。

第三、其作用不在于解决了餐具这个小问题。

关键是解决了部门之间"接口"的大问题。"接口"解决得好与差，影响着部门之间的协调与配合，决定着能否减少工作上的扯皮。一个企业不是靠某一个部门，而是需要各个部门齐心协力，靠整体的力量，企业才会稳定发展。

ISO 9000 标准认证，主要是对软件的建设。通过编制文件，使管理与服务更趋标准化、规范化；各部门各岗位建立的质量记录，既能及时发现工作中存在的真实问题，也便于考评、纠正与整改；通过定期的内审与管理评审，有利于管理和服务更上一层楼。从经营角度看，通过对外展示 ISO 9000 认证标识，有利于获得宾客的认可。

108. 服务员是客人的拐杖

◆ 案例

"五一"国际劳动节前夕，来北京参加表彰大会、欢度节日的30多位全国劳动模范，将要入住某饭店。

为了表达对全国劳动模范的敬意，把最好的服务奉献给劳动模范，饭店领导和各个部门都极为重视，把这次接待当作一项政治任务来完成，制定了详细的接待方案。客房部也同样制定了具体接待方案，其中一项是在每层楼的电梯厅安排两名服务员迎宾。劳模们来自全国各地，而且是分批陆续到达饭店。从早晨开始，每当一位劳模走出电梯来到楼层，服务员马上迎上前去，将客人引领至房间门口，为客人打开电子磁卡锁，并告诉客人使用的方法。

引领客人进入房间后，鲜花已经摆在了桌子上。服务员送上欢迎茶，详细的为客人介绍饭店的服务项目、客房的设施如何使用、迷你酒吧在哪里以及结算方法等内容。介绍完毕后服务员告诉客人，如果有什么需要帮助的时候如何找服务员。最后服务员对客人说："您一路上辛苦了，洗一个热水澡休息休息，再给家人打个电话，报个平安。"

劳动模范们将要离开饭店的时候，对服务人员说："我们都是普通的劳动者，平时也很少有机会住进这么高档的饭店，你们的服务很好，想得也很周到。来到这里，没有店大欺客的感觉。你们的工作太细致了，就连往家里打个电话，都为我们想到了。这里就像我们的家，你们就像我们的亲人。"

● 评析

这个案例所提到的虽然只是接待过程中几个很小的细节，但是从制定接待方案、设专人在电梯口迎宾，房间摆放鲜花，上欢迎茶，都表现出饭店领导和员工对劳动模范的敬意和悉心的关照。在接待服务中几句关心的话，表现出了浓浓的人情味儿和服务的精细。劳动模范都是普通的劳动者，像客人所说的，平时很少有机会住进高档饭店，对电子磁卡锁以及房间的设施设备的性能和使用不一定很熟悉。服务员主动为客人开门并告诉客人磁卡锁的使用方法，客人完全没有"店大欺客"的感觉。向客人介绍迷你酒吧，实际上也就会避免因客人不了解而在结账时发生误会，显示出服务的艺术性。在服务员介绍完毕后，告诉客人别忘记往家里打个电话、报个平安的一句话，则使客人听起来实在、亲切，是人性化服务的充分体现。不管是谁住饭店，听到这样的话时，就已经感觉像到了家、见到了亲人一样。

盲人需要什么？盲人需要拐杖，需要别人引领。服务员就是

客人的拐杖。对初次到店的客人，就需要服务员的引导、介绍，使客人知道该往哪里走，该如何做，使客人减少了窘迫感，在精神上松弛下来，同时也避免了客人的盲目消费。

这个案例是通过服务员对客人的引领、介绍和亲切的语言而体现人性化服务的典型案例。

109. 一顶竹编帽子

◆ 案例

一个日本旅游团入住饭店。这天早晨，旅游团结束了北京的行程，准备离开饭店前往西安游览。

购买旅游纪念品是旅游活动的一项重要内容。尤其是国外的客人，到中国旅游都会购买很多具有中国特色的纪念品。由于购买的东西都带有包装，非常占地方，走时不便携带，因此很多客人在收拾行李时就会把物品的包装盒、包装袋扔掉。客人在离店时，客房内就会有很多客人遗弃的包装盒、包装纸、塑料袋等杂物。

客人退房后，服务员小吴在清扫这个旅游团的客房卫生时，在杂乱的垃圾中发现了一个竹编的帽子。小吴想，这是客人扔掉不要的呢，还是混在杂物中没有发现的呢？这个做工精美的工艺品不会是客人扔掉的。如果客人回国后，发现自己喜爱的纪念品却没能带走，不定多着急。于是小吴把竹编帽子交给了领班，领班交到了客房服务中心登记保存。

当天晚上，客房服务中心的值班员接到了日本客人从西安打来的长途电话，询问饭店的服务员有没有看到竹编帽子。客人听到服务员在垃圾中发现了竹编帽子并为其保存的消息非常高兴。随后客人提出了请求：能否帮忙把帽子寄到日本？因为客人所在的旅行团将直接从西安回到日本，不再来北京，可是这个竹编帽子是他非常喜欢的纪念品，舍不得丢掉。如果寄到西安，他收不到，因为等寄到了西安，他们已经回到了日本。

饭店帮助客人做这样的事情已不是第一次了，所以客房服务中心的值班员答应了请求，并问清了客人在日本的邮寄地址。第二天，客房服务中心的服务员把竹编帽子寄往了日本。

一个月后，客房服务中心收到了那位日本客人从日本寄来的为他垫付的邮费和一封感谢信。

评析

这是一个超值服务之延伸服务的案例。

按照常理，住在饭店的客人离开饭店后，对客服务也就结束了。但是在本案例中，客房服务员把对客服务延伸到客人离开饭店以后。竹编帽子是客房服务员小吴在客人退房后，清扫客房卫生时，在客人的废弃物中发现的。客人已经退房离开饭店，一顶帽子又不属于贵重物品，即使是随垃圾一起扔掉了，客人也无法怪罪，因为在饭店的客房服务工作当中，对于如何断定是否废弃物，是有相关规定和惯例的。可是小吴结合自己的工作经验经过认真分析，将帽子上交、记录、保存。他知道，对于出国旅游的客人购买的纪念品，是收藏、是纪念、是美好的回忆，一旦丢失是不容易弥补的。

旅游团的客人在日本收到了饭店为其邮寄的竹编帽子后，寄回了为其垫付的邮费。其实邮费已远远高于购买帽子的费用，而客人寄来的感谢信，也说明这顶帽子在客人心中的价值已远远超出了一般旅游纪念品的分量。这就是超值服务，使对客服务延伸到了客人离开饭店以后、延伸到了饭店之外。

超值服务不是能用金钱衡量的，客人将得到的是精神上的享受，心理上的满足。同时饭店得到的是声誉和效益。

110. 损坏了客人的东西怎么办

◆ 案例

对于饭店的长住客人来讲，饭店就是自己临时的家。长住客人的房间内，各种物品较多。有的客人还会对自己的房间做一些美化和装饰，如在桌子上摆几件自己喜欢的工艺品，在窗台养上一两盆花草。

下面讲的是客房服务员在工作中不小心损坏了客人物品的两个事例，由于分别采取了主动汇报和私自处理的不同处理方法，因而有了两种截然不同的结果。

客房服务员马小艳是一位职业学校的实习生，这一天，她正在为 671 房间清扫卫生，客人没有在房间内，当移开放在桌子上的一件瓷制工艺品想要擦桌子上的灰尘时，一不小心将工艺品掉到了地上摔碎了。知道自己闯了祸，小马非常害怕，马上向领班做了汇报。

损坏了客人的物品，如何处理小马是另一回事，但必须要先向客人讲明情况，向客人道歉，问一问哪里可以重新买到，并听取客人对于赔偿的意见。

客人回到房间后，领班来到 671 房间，将服务员在清扫房间时不小心打碎了工艺品的事告诉了客人。在向客人道歉后，征求客人的意见，询问客人在哪里可以买到。客人见领班能主动来说明情况并且态度诚恳，就对领班说："这件工艺品北京没有地方可以买到，那是我到广西旅游时买的。平时你们的服务很不错，另外打碎东西后你们能主动来道歉，服务员又不是有意的，再说她自己已经很害怕了，就算了吧。只是以后要吸取教训，多加注意。有些东西可以赔偿，但有些类似纪念性的东西是无法赔偿的。"

服务员小王在清扫 623 房间的卫生时，不小心把放在窗台上的花盆碰掉了一块瓷。小王见客人没在房间，又没有其他人看到，就找来了胶水把碰掉的那块瓷给黏上了，认为只要自己不说就不会有人知道。

过了两天，623 房间的客人找到领班，说有人把他的花盆打坏。客人对领班说，他自己没碰过，而且除了服务员，没有任何人到过他的房间。领班去找负责清扫 623 房间卫生的服务员小王了解情况，小王见客人找到了领班，事情瞒不过去了，就把打坏花盆，自己又悄悄用胶水把花盆黏上的事说了出来。客人说："其实你们把我的花盆打坏了也没关系，可是你得跟我说一声。我这个花盆就是在外面花卉市场买的，也没花多少钱。但是你们必须得赔我。我每天出去办事，房子交给你们，我怎么能放心呢。"

评析

事情的结果往往取决于态度。

按说在本案例中的两件事都是不应该发生的。在工作中损坏了客人的东西，不管怎么说都是服务员的责任。由于在事情发生后，服务员的态度不同，处理方法不同，因而有了不同的结果。

小马在打碎客人的工艺品后，主动汇报，采取了积极主动的态度。物品的价值虽比后者较高，但却得到了客人的原谅，因为客人知道服务员是在为自己清扫房间卫生时不小心碰坏的，结合客人对平时服务的认可，看到了服务员平时的"诚心"。

可是小王在碰坏花盆后，认为没人知道，存有侥幸心理，耍小聪明私自处理。虽然花盆的价值较低，但客人坚决要求赔偿，因为客人觉得受到了服务员的"糊弄"。同时，通过这件事，客人感觉到把自己的"家"交给服务员，是不能令自己放心的。而实际上服务员甚至饭店都丢失了"诚实"。

服务员在工作中损坏客人的物品，既有缺乏工作责任心，精神不够集中的原因，又有工作经验不足和工作技能不熟练的原因。损坏的是客人的财产，失去的可能就是饭店的声誉。要使服

务工作少差错、无差错，就必须克服粗心大意的毛病，培养认真细致的工作作风。饭店的管理者除应加强服务员技能的培训，还应加强诚信意识方面的教育。

111. 一个白布包

◆ 案例

正是旅游旺季，客房的出租率很高。830 房间的客人刚刚退房，前台就通知要马上抢房，有新到店的客人等着入住。客房服务员小冯在清扫 830 房间的卫生，他将客人用过的一堆毛巾从卫生间收出来后，也没有忘记把团在一起的毛巾一一抖开，然后再装进布草袋。这是小冯平时的工作习惯，目的是为了检查毛巾内是否裹进客人自己的毛巾或其他物品。

这时从一条卷着的大浴巾里掉出了一个与大浴巾同样颜色的小白布包。这是什么东西？小冯从地上拣起白布包打开一看是整整齐齐的两沓百元面值的美元。小冯马上交给领班，领班与前台联系后得知，这个房间的客人已经结账离开了饭店。领班与小冯一起清点美元：整整两万美元。随后，领班从饭店门卫的出租车派车记录上查出，830 房间的客人是在 10 分钟前离开饭店的，这时出租车正在去往机场的路上。

领班马上请示客房部经理，决定派人赶往机场与客人当面核实确认。由于小布包内没有任何能证明客人身份的证据，钱的数额又比较大，所以由大堂经理和一名领班一起前往机场。赶到机场见到客人后，问客人是否有东西遗忘在饭店。客人有点奇怪地说没丢什么。大堂经理请客人再想一想，检查一下自己的东西。这时客人的手往腰间摸了一下愣在了那里，脸色马上变了，像是对大堂经理又像是自言自语地说："我的钱不见了。"大堂经理请客人不要着急，钱已经由服务员拣到。经过认真仔细地核对，两万美元确实是这位客人的。

原来这位客人是一位台湾退伍老兵，因为患有慢性病特意回大陆看中医的。可是这位老人孤身一人，在台湾和大陆都没有亲人。在台湾听说大陆的治安不太好，那么多钱装在兜里、包里都不放心。于是就用一块白布包好，贴身系在腰间。昨晚老人在客房洗澡时，把布包解下来与毛巾放在了一起。由于包钱的布包和毛巾都是白色的，老人眼神又不好、记性也不太好，结果洗完澡就忘了。

老人激动地说："要不是你们及时发现并送来，等我上了飞机，到哪儿去找啊。这可是我的血汗钱啊！通过你们我认识了大陆。看来有关大陆治安的传说是不真实的，亲身的感受是最真实的证明。回到大陆我放心，住在你们的饭店我更放心。过几个月我还要来看病，我还要住在你们的饭店，心里踏实。

果然，在两个月以后，这位老人又回大陆看病，再次住到了这家饭店，而且还找到了小冯当面致谢。

评析

能及时发现客人遗忘的钱包，是和服务员仔细认真的工作习惯和态度分不开的。布包内只有钱，没有任何证明客人身份的证据。如果服务员将从卫生间撤出的一团毛巾扔进布草车，送到洗衣房与大批的毛巾、床单混在一起，就是被洗衣房的工作人员发现了，找到失主也不是件容易事。因为到那时就不能判断出是哪一个房间的了。因此，服务员小冯工作细致认真的作风、拾金不昧的精神值得赞扬。

饭店对事情的处理方法也比较稳妥。因为钱的数额较大且没有证据。为防止出现冒领等意外，所以派大堂经理和客房领班两个人前往。

优质的服务就是最基本的促销手段。急客人所急，想客人所想。住在饭店令客人感到踏实放心，使没有亲人的客人找到了家。客人的第二次入住就是最好的验证。

此案例还验证了一句话,"首都是国家的窗口"。服务质量的高低、服务员的风貌关系到国家的荣誉。国外对中国有各种各样的宣传,服务员细致周到的服务改变了台湾同胞对祖国大陆社会秩序和治安的认识。点滴小事使客人成为饭店的回头客。事实证明,优质的服务能够赢得宾客的满意,也能取得良好的社会效益和经济效益。

112. 派错房以后

◆ 案例

一天中午,客房主管来到十楼检查日常工作。这时,一位客房卫生清扫员提着一件行李,后面跟着一位客人,来到了十楼电梯厅的电话旁。清扫员对客人说:"对不起,先生,是我们工作的疏忽,给您带来了不便。我马上与总台联系。"

原来,这是一位刚刚入住饭店的客人。他在总台办理完入住手续后,来到了楼层,拿出磁卡钥匙打开房门。当客人迈步跨进房间时,一眼看到房间内行李柜上的行李:怎么回事,这间客房已经有人住了。客人马上退出了房间。

清扫员小刘恰好经过这里,看到了客人提着行李来到楼层,刚刚打开门又提着行李退了出来。小刘想起,这间客房是上午出租的,不是这位客人呀?就主动走过去询问,小刘看了客人的房卡,房间号没错。一定是总台派错了房,把已经出租的房间又租了出去。小刘马上向客人道歉并与总台联系为客人安排其他的房间。

客房主管看到清扫员已经在为客人联系,就站在一旁没有走过去。可是过了一会儿,小刘拿着电话还在说着什么,问题似乎还没有得到解决,客人倒是还算耐心地站在那里。这时主管走了过来,对客人说:"先生,实在对不起,您再稍等片刻,我到总台去看一下。"主管马上来到了总台。把派错房、客人正在十楼电梯厅等着的情况和总台服务员说了。总台的服务员说;"派错房的事情我已经知道了,我正在查是谁派错的,真可气为什么不把客人的资料及时输入电脑。"原来派错房是因为上午将客房出租后,没有及时将客人的资料输入电脑。那间客房在电脑中还显示是空房。所以另一位服务员又一次把同一间房租了出去。

主管对总台服务员说:"现在先不要去查是谁的责任,重要的是先为客人安排房间,安排客人进房间休息,其他的事回头再说。不管是谁的责任,客人没有责任。"

评析

上面这个案例,本来是不应该发生的。一间客房已经住进一位客人,又将房间租给另一位客人,无论什么原因都是不可原谅的。无论是先入住的客人还是后派进去的客人都要投诉。这些,我们在此先不讨论。在这里要分析的是房间派错以后相关人员是如何处理的。

可以说十楼的清扫员小刘是一位非常优秀的服务员。她看到新来的客人打开门后,刚走进去就退了出来。她主动走过去把事"揽"了过来,并且帮客人提起行李,主动向客人道歉(这本不是她的错),并与总台联系。从这几个主动可以看出这位清扫员的素质:没有从工作上分你我,表现出的是对服务的认识,对客人的负责,对饭店的忠诚,起到了服务补位的作用。

在饭店的服务人员乃至管理人员当中,饭店不同岗位之间协调、补位的道理和作用,几乎没有不明白的。但是在实际服务过程中,一旦出现了前一个部位的服务错位或者差错的情况,遇到问题能主动补位的,却不是所有的人都能够做到的,因为这样面临的可能是给自己"找麻烦"。

案例中的客人遇到这种事情,按常理应该是很恼怒的。但是,这位清扫员走过来并做出了这些举动后,客人并没有发脾气。

这是因为清扫员处理得当。

可是，再看一看事出后总台的服务员是如何做的：她虽然很着急，但急的是查谁派错的房，而没有想到先解决客人的问题。工作出了差错固然要弄清为什么错，错误出在哪里，并且落实责任，但是处理问题要有先后、有轻重、有缓急。当时客人还在十楼的电梯站着，清扫员还在向客人道歉，说“马上就好”。因此，客房主管的处理方法是正确的。

因此，这时总台服务员首先要做的应是先找一间空房、做好磁卡钥匙、送上楼层向客人表示歉意并安慰客人，请客人进房间休息。我们有严格明确的工作程序，员工要按照工作程序去做就不会出错。而一旦出现问题后，服务员如何处理，也是反映饭店服务水平、体现员工素质、整体观念的一个方面。客人对饭店的评价往往是通过某一件事或与某个服务员的接触后做出的。服务员在工作中的行为不是个人行为，她代表的是饭店。从清扫员小刘向客人道歉来看，她是把自己当做了饭店的主人了。

113. 我就住这里，哪儿都不去

◆案例

客房部的十楼，是饭店的行政楼层，领班小徐像往常一样工作着。这时有一个外线电话打到了楼层服务台，小徐来到服务台拿起电话一听，知道了这是陈先生从香港打来的。陈先生说他明天要到北京来。对方在电话里对小徐说了些什么，小徐回答说：“没问题，陈先生，请您放心吧，我会准备好的。”放下电话，小徐找到了服务员小杨，向小杨交代了一番。随后小杨来到925房间布置了起来。从小徐接听电话到安排工作，再到小杨布置房间，都是那么熟练，这是怎么回事呢？陈先生又是谁呢？这事还要从两年前说起。

香港商人陈先生第一次住进这家饭店时，是在两年前。当时陈先生与负责接待他的销售部人员讲：他有洁癖，要求在他入住前，饭店要将他所预定的客房地毯、窗帘和床罩在内的所有棉织品以及整个客房要全部彻底清洁、洗涤一遍，并且要按照他提出的要求布置房间。销售部把这一情况通知了客房部。

当时十楼的领班小刘按照客人提出的要求布置好了房间。陈先生来到饭店，进入客房后对准备工作比较满意，随后将自己随身携带的一个盆景放在写字台上，又把一副对联挂在了房间的墙上。陈先生还向小刘提出要求：在他出去不在房间内的时候，服务员不能进到他的房间进行整理和清扫卫生，必须在他本人在场的情况下清扫卫生，而且清扫卫生的服务员还要当着他的面洗过手之后才能开始清扫。

在陈先生住店期间，领班小刘安排服务员小杨专门负责陈先生的服务和客房卫生清扫工作。小杨每天给盆景浇水。陈先生对其服务和卫生比较满意，一住就是半个多月。

一天，陈先生找到领班小刘说："我要到外地办事，但这个盆景不好带。过一段时间我还要回来，能不能在贵店暂存并且代为养护，另外还有一些其他物品也要贵店代为保管。"小刘说："可以，请您放心吧。"

过了约有一个月的时间。这天，小刘接到陈先生打来的电话，说他将在第二天到饭店，还要住在原来的房间，而且还按上次的要求进行房间布置。小刘按照上一次的形式把925房间布置好了。

第二天，陈先生进入客房后，看到墙上挂的对联仍在原来的位置，写字台上的盆景是翠绿鲜活的，房间的每样家具物品的摆放都和上次一模一样。做事非常精细挑剔的陈先生当即表示："我每次来北京都住这里，我哪儿都不去！"

从此以后，陈先生每过一个月左右就来到饭店住上半个多月，而且还是那个925房间。在到饭店的前一天只要打一个电话

来，小刘就会安排人员把房间布置好。

领班小刘由于工作需要调到其他的岗位，但接待陈先生的事没有中断，现在的领班小徐还在继续着，服务和卫生也还是小杨在继续。

● 评析

上面的故事就发生在我们的日常工作中，就发生在我们的身边，内容也没有经过加工处理。我们每个岗位的员工只要认真去做，就能做好；只要去发现，就有闪光点。我们的工作，不只是简单的劳动。

客人第一次入住饭店时提出了一些要求。如果当客人再次入住的时候还等到客人自己提出来，虽然同样是做了，但服务效果和客人的感受会是不同的。

如果仅从经济角度分析，接待爱“挑剔”的客人，在服务当中所付出的精力和成本费用可能会高一些，但所产生的社会效益是远远高于一般客人的，而良好的社会效益会带来长期的经济效益。

这一服务案例是一典型的具有针对性的个性化服务的案例，是具有泰国曼谷东方饭店风格的服务，是服务人员用自己的细心和诚心留住了客人。要做到个性化服务，就要观察、了解和满足不同客人的不同需求并在工作中不断延续，只有做到了规范服务+个性化服务，才真正称得上优质服务。

114. 共同创造良好环境

◆ 案例

为了保护环境，减少对环境的破坏，在有些国家重点旅游保护区内，已经不允许建饭店。因为饭店对环境是一个严重的污染源。它影响环境的因素有：洗涤废水对水源和土地的污染、一次性塑料制品和包装造成的白色污染，客房电视遥控器使用和客人使用过的废旧电池对环境的污染吸尘器的噪音污染。另外，水电的资源和能源的浪费也会对环境产生影响。

在某四星级饭店的客房内，床头柜上放的环保卡上写着："亲爱的宾客，为了保护我们共同的地球，减少洗涤废水的排放，如果您将环保卡放在床上，这天您的床单将不更换。感谢您为环保做出的贡献。"卫生间也放置了提示牌提示客人是否减少毛巾的洗涤；取消了客房的一次性洗衣袋，改为洗衣筐；逐步淘汰了高噪音吸尘器，换为低噪音吸尘器；在饭店进行的客房改造时，所有的客房全部改为节电开关；为了给不吸烟的宾客提供一个良好的环境，设置了 40 间无烟客房。为什么会这样做呢？

原来，该饭店通过了 ISO14001 环境管理体系的认证。这些措施是在饭店的总体环境方针和环境目标指导下，客房部针对所识别出的影响环境的因素而制定的一系列环保措施当中的一部分内容。

这家饭店的环境方针是：遵守与饭店有关的法律法规，实行三节（节水、节电、节气）、两减（减少污染、减少资源消耗）、一替换（逐步实现使用对环境、对人体健康没有危害的绿色替代品）；不断识别饭店环境因素和环境影响，为预防环境污染提供依据；通过培训，提高全体员工的环保意识，与顾客一道，共同创造一个与环境友好相处的氛围。

同时饭店还提出了"在不影响服务质量的前提下，争取全年能耗比不超过 7%，尽一切可能减少污染，逐步实现使用对环境、对人体健康没有危害的绿色替代品"的环境目标。在制定出具体的环境方针和目标的同时，着重强调了"不断识别"和"与顾客一道"，使环保成为持续进行和全社会参与的事业。

评析

人类保护环境意识始于上世纪70年代。随着科技的不断发展、气候的变化等多种原因,全球环境也遭到了严重的破坏,人类今后的生存环境变得越来越恶劣。饭店业的发展是经济发展的标志之一,但其又也是对环境产生污染的源之一。随着世界进入环保时代、绿色时代,饭店经营中的环境保护意识逐渐成为广大从业人员和消费者的共识。充分利用资源,减少资源消耗、减少污染,成为饭店管理高层次、高境界的追求目标。

客房是饭店的主体,客房用品的使用和消耗是饭店资源利用、减少污染的重要构成因素。因此在客房服务和管理方面识别和改进影响环境的因素,对饭店业的环保起着非常重要的作用。

本案中提到的饭店在客房实施了一系列环保措施。减少床单和毛巾的更换、减少棉织品的洗涤,从资源上节约了洗涤用水,从环境上减少了污水排放;同时还可以节省洗涤费用。白色污染也是对环境产生影响的因素之一,因而取消客房的一次性塑料洗衣袋,换成洗衣筐。从眼前利益看,饭店需要投入资金购置洗衣筐,但从长远看会对环保起到一定作用,也减少了洗衣袋平时的消耗。逐步用低噪音吸尘器,淘汰高噪音吸尘器,减少了对客房区域噪声的污染,有利于为宾客创造良好的环境。还有对一次性客用品的控制、废旧电池的回收、清洁用品的更新和控制以及设立无烟客房等等方法,都是减少资源消耗和环境污染的有效方法。

饭店的环境方针和环境目标,提得非常科学和实际。把遵守与饭店有关的法律法规作为执行各项环保措施的前提,同时还要"不断识别饭店环境因素和环境影响,为预防环境污染提供依据"。因为环保并不仅仅只是采取某几项措施,其最终目的是保护环境,预防污染,因此要不断识别。保护环境也不只是企业和管理者的事,而是全社会、全人类的共同事业,因此要"通过培训,提高全体员工的环保意识,与顾客一道共同创造一个与环境友好相处的氛围”。号召和提倡员工、宾客共同参与,唤起人们的环保意识,保护人类共同的家园。

饭店的环境管理目标是“在不影响服务质量的前提下,争取能耗比不超过7%,尽一切可能减少污染”。由于饭店终究是为客人提供服务的机构,因而不管做什么都不可能离开服务、脱离客人,而应以保证服务质量为前提,同时提出具体的环境标准。

饭店通过了ISO 14001环境管理体系的认证,实施了环保措施,这既是对保护环境的重视、为环保事业作出的努力和贡献,又有利于饭店的经营,为宾客提供放心的旅游、商务环境,吸引更多的客人。

环境管理体系的标准,虽不是具体技术上的标准,但她是要求通过认证的对象去进行不断识别并持续改进的体系。环保问题是一个现实问题,又是长远问题。环保事业要投入精力、财力和物力,需要人们的共同参与,从点滴做起,最终的受益者是宾客、企业,是子孙、是整个人类社会。

现代的酒店管理与国际接轨工作的重中之重,应放在环保知识的培训上,特别应加强员工的节能意识培训及对客人的环保宣传;对客人施加影响,引导客人的参与,形成酒店绿色经营的意识氛围。而饭店须从大处着眼,小处入手,把内部的节能降耗作为重要举措。

115. 一个服务员的成长经历

◆ 案例

张某某是一位从事酒店工作的高层管理人员,现为国家职业技能鉴定高级考评员,在多所大学任客座教授,已有多本专业书籍和论文发表。他一米八几的个头,腰板笔直,气质高雅。从他

的举止、接人待物和做事，周围的人都说他是做服务的料、做管理的料。

可是张某某自己却是坚决不同意这个观点：“我不承认谁是什么料的说法。不管做哪一行，除去特殊工作、特殊要求，只要用心去做，付出努力，谁都可以做好。”他从一名普通的服务员做到现在，付出了艰辛的努力。他为由于自己的付出所获得的收获而自豪。

张某某本是一个性格腼腆的小伙子，已经苦心学习了三年烹饪的他，如愿以偿地走进了大型涉外饭店，并使自己的厨艺有了得以施展的舞台，自己也有了向高手学习的机会。就在这时，他却突然改变了主意。自己本来就是内向的性格，如果真的做了厨师，技艺是能够提高了，那么就有可能在“与世隔绝”的厨房工作一辈子。“不行，我要走出厨房。”于是他做出了很多人不理解的决定——做客房服务员，多接触人，改变自己的性格。

没想到与其他几名一起新分配到客房的同志相比，张某某又是最不“幸运”的一个。其他人每人安排了一位师傅带，而他却因为恰巧有一个客房清扫岗位的空缺，被领班安排独立盯岗工作——没有师傅。

第一天下午被人事部分配到客房部楼层班组，第二天早晨就要独立工作，别说操作技巧和速度，就是连房间号的位置他还搞不清楚呢。在羡慕一起来的同志的同时，他的倔犟要强的性格发挥了作用：“看我能不能做好？我不会比任何人差。”

到中午吃饭的时间了，其他同志跟着师傅去吃饭，可是他还在工作。下午到了下班时间，他的工作量还没有完成，别人下班了他还在干。

逐渐地随着对工作了解的深入和操作熟练程度的提高，基本工作他能够完成了。

没有师傅的他，把每一个人都当作师傅，不断请教并到书店买来相关书籍学习。做床是客房服务工作的基本功和重要内容，别人下班了，他还在练习抖床单，胳膊练酸了、累了、肿了……。但是他通过分步练习、记时间，认真琢磨各个环节的技巧，总结了一套完整的笔记。做床质量保证了、速度提高了，而这套笔记在几年后成为他的培训教案。

在参加工作4个月后的一次服务技能比赛中，在200名选手中他获得了第三名的成绩。在获奖选手中，他是参加工作时间最短的员工。而这时与他一同分配到客房部的同志，还没有独立操作，还由师傅带着干。没有师傅的他，靠着虚心和韧劲，取得了第一步成绩。

从这以后，他更加用心地钻研业务，不断取得进步，并逐步走上了管理岗位，成为了北京市第一批高级服务员，而后又成为第一批客房服务技师，又成为现在的国家职业技能鉴定考评员、高级考评员。

不论是其他行业还是在饭店从业人员当中，都有一些人对客房服务的简单理解，认为客房服务员的工作就是简单劳动、熟练工种、缺少技术和知识含量。实则并非如此。要想真正做好服务并不是那么简单，需要学习、钻研和付出。只有通过自己的不懈努力，才能取得成绩。他越是在实际工作中用心钻研，就越认识到饭店的服务工作和管理工作不是那么简单。无论是在管理中还是在服务中，都会遇到各种各样的人和事，这就需要各方面的知识。他利用业余时间学习管理学、管理心理学、服务心理学、实用美学和插花等技能来满足工作的需要。现在，他受聘担任北京市旅游局、北京旅游学院、中央国家机关、中直系统等机构的专业培训教师，为饭店业培养了大批服务技师和高级服务员；多次担任国家部委、北京市、区县旅游行业、劳动部门举办的职业技能大赛的评委和评判长，其中包括“新世纪北京首届职业技能大赛”客房服务和餐饮服务两项决赛的评委。还被本市和外省市的多所高校聘为客座教授和职业生涯资深导师，特别开展了大学生就业心理及发展方向的课题，向大学生介绍了在饭店业发展的广阔空

间，希望能有更多的具有高学历、高素质的人才在饭店业发展；并结合自己的体会，对大学生就业、成才和发展，做人、做事的态度进行详细的分析，使大学生深受启发。

有人说他有能力，而他不是这样认为。他说："我与其他很多人做的工作是一样的，而且有很多人都比我做得好。我只是在工作中注意了'用心、用脑'；注意发现服务和管理中的问题并认真思考，在工作之后注意积累和总结。我发表了多篇论文和出版了书籍，也只不过是在别人喝酒、聊天、逛商场、发牢骚时，把这些时间和精力用在了写作上。"

在周围人赞扬他的时候，他始终说自己"不是干大事的人，只是把别人没做的小事给做了"，"脚踏实地地做好每一件小事，是做好大事的基础"，这反映了他做事对细节的重视。"事实上，把小事做好、做精，本身就不是小事"。

多年的服务工作养成了做事细致的习惯；多年的管理养成了果断、干练的作风；培训教学使人感到具有亲和力。所有这些，使他的仪表、着装、言谈举止有明显的职业感。从一名普通的饭店客房服务员走到现在，他自己的体会是："人是可以改变自己的"、"做事用心，干活儿用脑"、"细节体现素质"、"一个人能力的体现，是能够将复杂简单化，将简单哲理化，将操作理论化，将理论通俗化"。

这篇案例的主人公就是本书的作者。